부자가 될 수 밖에 없는

_____ 님께

당신같이 좋은 사람이 부자가 되어야
세상이 좋아집니다.

유현정

네가 더
부자가 되면 좋겠어

네가 더
부자가 되면 좋겠어

유현정 지음

A 애드앤미디어

추천사

　세상에 재테크에 관한 책은 너무도 많습니다. 하지만 진정으로 '독자를 위해' 쓰인 책은 생각보다 그리 많지 않습니다. 홍수 철에 가장 귀한 게 아이러니하게도 '마실 물'이라 합니다. 수많은 신곡이 사랑을 주제로 하지만, 정작 사랑이 더 어려워진 시대입니다. 마찬가지로 매일 같이 매스컴과 미디어에서 쏟아지는 '돈'에 대한 콘텐츠, 책, 메시지들 속에서 '독자의 입장에 서서,' '독자를 위해', '독자의 눈높이에 맞게', '독자가 쉽게 바로 적용할 수 있는' 이야기를 해주는 사람이 간절히 필요한 시대입니다.

　그런 점에서 여러분이 유현정 작가를 만난 것은 큰 행운입니다. 기상천외한 방법이 아니라 지금 내가 서 있는 그 자리에서, 내가 할 수 있는 작고 단순한 일을 매일 실천하며 축적해간 유현정 작가의 발자취는 그것을 따라갈 사람들에게 희망을 안겨줄 것입니다. 매일 조금씩 덜 틀리는 연습, 매일 한 걸음만 더 전진하는 연습을 하며 가난을 극복하고 생각을 변화시켜 마침내 인생을, 나아가 타인의 삶에도 긍정적인 변화를 일으키고 있는 유현정 작가의 첫 번째 작품 『네가 더 부자가 되면 좋겠어』를 적극 추천합니다.

> – 전대진, 작가 삶쟁이컴퍼니(대표) '내가 얼마나 만만해 보였으면', '자존감이 낮은 사람들을 위한 책', '너라는 선물', '실컷 울고나니 배고파졌어요' 저자

유현정 저자는 제가 운영 중인 책 쓰기 프로그램인 〈행복한 글 감옥〉 인연으로 만나게 된 분입니다. 32기가 오픈되기도 전에 미리 수업료를 1번 타자로 이체하시는 것을 보고 '아, 그녀는 정말 행동력이 남다르구나! 이런 실행력 덕분에 무일푼에서 자수성가 부자가 될 수 있었나 보다!' 하고 생각했습니다. 그러면서 책 쓰기 코치인 저도 그녀가 '어떻게' 그런 일을 이뤄냈는지가 궁금해졌습니다.

이 책은 영화 〈기생충〉에 나오던 반지하 같은 환경에서 순전히 노력의 힘만으로 30억 순자산의 부자가 된 그녀의 리얼 경험담과 노하우를 쉽고 재미있는 스토리 형태로 전하고 있습니다.

이 책은 재테크 서적이지만, 기존의 책들처럼 테크닉만을 논하지 않습니다. 대신 마인드가 더 중요하다는 색다른 관점으로 다가갑니다.

"오직 내 안(내면)에 있는 것만이 내 밖(현실)을 바꿀 수 있다. 보이는 것을 바꾸고 싶다면 보이지 않는 내 생각부터 바꿔야 한다."

옆집 언니와의 대화처럼 친근하고 쏙쏙 들어오게 술술 읽히는 이 책의 일독을 강력히 추천해 드리는 이유입니다.

– 레오짱, 28년 차 출판전문가, 마이북하우스/클라우드나인 출판사 대표, '팔리는 책쓰기 망하는 책쓰기', '스토리텔링 연습', '출근길에 읽는 한 토막 논어', '출근 길에 읽는 한 토막 명심보감' 저자.

보통 사람들이 말하는 부자는 돈만 많은 사람입니다. 유현정 저자 가 말하는 부자는 경제적 자유와 내면의 꿈을 함께 이룬 사람들입니 다. 돈이 없음을 인정하기까지 내 마음속에 닫혀 있는 내면아이를 마 주해야 합니다. 이것을 깨는 순간 생각지도 않은 돈이 물 밀려오듯 들 어와 가득 채워집니다.

이 책에는 찐 부자가 된 유현정 저자만의 노하우가 담겨 있습니다. 친절한 부자수업이 담겨있는 '네가 더 부자가 되면 좋겠어' 책으로 이 세상에 더 선한 부자들이 많이 생겼으면 좋겠습니다.

– 양지연, 부끌대학 학장, '하루3분 나만의 행복루틴' 저자

프롤로그

한국에서 친한 동생 제나에게 전화가 왔어요.

"언니, 잘 지내고 있어? 싱가폴 간 지 한 달은 된 거 같은데, 언제 오
는 거야? 한국은 오늘 눈이 엄청 많이 왔어. 거기 날씨는 어때? 따뜻
해서 좋겠다."

"어머. 그랬어? 감기 조심해. 언니는 지금 풀사이드 바에서 모히또
한잔 마시고 있어. 애들은 수영장에 있고. 수영 선생님에게 자유형 배
우고 있거든. 내가 매일 꿈꿨던 순간이지. 인생 참 오래 살고 볼 일이
야. 진짜!"

아이를 키우며 돈도 마음껏 버는 부자 엄마!

내가 원할 때 언제, 어디로든 떠날 수 있는 시간적 여유와 경제적 자유!

월급이 적어도, 가진 게 없어도! 누구나 마음먹고 행동하면 부자가 될 수 있다는 걸 알려주는 책, 나도 부자가 될 수 있다는 희망을 전해주는 작가가 되는 게 제 꿈이었어요. 드디어 그 꿈이 이루어지고 있네요.

'돈이 없는데 그게 가능해?'

'돈만 있으면 나도 행복하게 살 수 있을 텐데!'

이 글을 읽고 있는 여러분도 어쩌면 예전의 저와 비슷한 상황일지도 모르겠어요.

몇 년 전까지, 저는 세후 월급이 200만 원이 채 되지 않았어요. 가진 게 없었던 아주 평범한 주부였지요. 금수저보다는 흙수저에 가까웠어요. 반지하에서도 살아봤거든요. 두 아이를 임신해서도, 출산 일주일 전까지 회사를 나가야 했어요. 맞벌이를 했으니, 저녁 6시가 되면 아이들을 데리러 어린이집으로 뛰어가야 했어요. 사는 것 자체가 불편함으로 가득 차 있었어요. 매일 이렇게 살다 보니, '내가 왜 그렇게 살아야 할까?'라는 의문이 들었어요.

이유는 '돈이 없어서!'

저는 저를 스스로 세우고 특별하게 만들기 위해서 돈이라는 어려운 문제를 풀기 시작했어요. 내 인생을 자유롭게 만들어 줄 핵심 키가 바로 돈이었거든요.

저는 돈에 온 의식을 집중했고, 돈을 가장 중요하게 생각했습니다. 좀 더 좋은 집에 살고 싶었고, 내 시간을 의미 있게 쓰고 싶었어요. 무엇보다 아이가 크는 모습을 옆에서 지켜봐 주는 엄마가 되고 싶었어요.

처음에는 돈 버는 방법이 중요하다고 생각했어요. 그래서 돈이 된다는 건 이것저것 다 해봤습니다. 주식, 부동산, 부업으로 네트워크 마케팅, 보험도 해 봤지요. 아이 챙기고 생계유지하는 데 필요한 일 빼고는 돈 버는 생각만 했어요. 틈 만나면 재테크 책을 읽고, 출근 준비로 화장을 할 때도 라디오를 들으며 경제 공부를 했어요.

근데, 역시나 전 안 되더라고요.

똑같은 강의를 들어도 저 사람은 투자에 성공하는데 왜 나는 잘 안되지? 정말 가난한 사람도 부자가 될 수 있을까? 부자는 특별한 사람들만 되는 게 아닐까? 자꾸 이런 생각이 들었습니다. 그러다가 잠재의식에 관한 책을 읽게 됐어요.

제가 가장 좋아하는 말이에요. 오직 내 안에 있는 것만이 내 현실인 외부 세상에 펼쳐진다는 뜻입니다. 내 안에 없는 것들은 결코 남에게 줄 수도 없고 실제 삶에서도 경험할 수가 없거든요. 보이는 것을 바꾸고 싶다면 보이지 않는 제 생각을 먼저 바꿔야겠더라고요.

가난한 사람은 아무리 노력해도 가난해지고
부잣집에서 태어나면 멍청해도 부자가 된다.

— 로버트 기요사키

로버트 기요사키의 말처럼 제가 아무리 애를 써도 안된 이유가 이거였어요. 저는 가난한 무의식을 가지고 있었거든요. 반면 부잣집에서 태어난 사람은 부자 무의식을 물려받았기에 크게 노력하지 않아도 잘살게 되더라고요. 그럼 가난한 나는 포기해야 하냐고요?

물려받은 게 없어도,
지금 당장 소득이 미친 듯이 오르지 않아도,
주어진 소득으로 충분히 부자가 될 수 있습니다.
돈을 얼마나 많이 버느냐 보다 어떻게 사용하는지가 더 중요합니다.

과연 내가 부자가 될 수 있다고 생각하는지 내 믿음이 가장 중요합니다.

이 책에는 세세한 투자종목이나, 특별한 재테크 비법이 들어 있지 않습니다.

다만 집이 경매로 넘어가 3년간 아껴 모은 돈이 0원이 된 사람,

급여를 200만 원도 못 벌던 사람,

지극히 평범한 30대 주부가 순자산 30억을 만들기까지 해왔던 과정이 쉽고 재미있는 이야기 형식으로 담겨 있습니다.

이 책은 신혼 때 저를 생각하며 썼어요. 부자가 되고 싶은데 재테크를 어떻게 시작해야 하는지 막막했어요. 재테크 책을 읽어도 왜 그렇게 어렵고 이해가 되지 않던지요. 최대한 쉽고 친절하게 알려주는 재테크 책이 있었으면 했던 제 바램을 담아 썼습니다. 이 책에 등장하는 동생 '제나'는 가장 약했으며, 제일 소중했던 시절의 저입니다. 그리고 여러분이기도 합니다.

난 안된다며 좌절하고 다시 또 일어나면서 풀어낸 돈에 대한 해답지 읽을 준비되셨나요?

출퇴근하는 버스에서도 서서 책을 읽고, 잘 못 투자해서 꼴딱 밤을

새우기도 하며 겪은 노하우를 담았어요. 이 책을 읽는 분들은 저보다 훨씬 빠르게 부자가 될 수 있을 거예요.

그냥 부자 말고 물질적 풍요와 정서적 풍요! 두 가지 모두를 가진 행복한 부자가 되어볼까요?

"네가 더 부자가 되면 좋겠어."

유현정

1장

나도 부자가
될 수 있을까요?

부자가 되면
뭐가 좋아요?

맞벌이 월급 합해서 400만 원!

아끼고 아껴 모은 종잣돈 5,000만 원에서 순자산 30억으로!

이 결과를 보고 다들 저에게 부자라고 합니다. 하지만, 30억으로 부자라고 할 수 있을까요? 여러분 머릿속에서 막 떠오르는 부자들이 있죠? 워런 버핏, 빌 게이츠, 일론 머스크... 이 사람들과 같이 비교할 수 없지만, 그럼에도 저는 부자입니다. 그 이유는 돈으로 따질 수 없는 부자의 마음을 가졌기 때문이에요.

여러분은 어떤 사람이 부자라고 생각하세요? 사람들은 보통 돈이 많거나 좋은 집에 사는 사람을 부자라고 합니다. 저는 다르게 생각합니다. 부자는 재산에 따라 결정되지 않는 것 같아요. 부자의 조건에는 두 가지가 있습니다. 마음의 여유와 자유로운 행동입니다.

저는 돈이 많은데도 없어질까 불안해서 돈에 더 집착하는 사람들을 많이 보았어요. 제가 생각하기에 이들은 가난한 사람들입니다. 그러니 부자 찾기는 쉽지 않습니다. 마음은 눈에 보이지 않으니까요. 그런데도 저는 부자를 많이 알고 있습니다. 부자의 마음이 보일 때가 있거든요. 자신이 가지고 있는 것을 나눌 때예요. 돈이 많아도 나누지 않을 수 있지만 마음의 여유가 있다면 언제든 나눌 수 있습니다. 가진 것을 나누는 사람들은 돈이 없어도 마음이 풍요롭습니다. 여러분은 어떤 마음을 가지고 있나요? 나누고 있다면 당신은 이미 부자입니다. 부자는 지키는 사람이 아니라 나누는 사람입니다.

수많은 사람이 부자가 되기를 원하지만 왜 아직 부자가 되지 못했을까요? 바로 부자가 되고 싶다고 열망하지 않아서입니다. 부자가 되겠다고 말하는 사람들을 많이 만나봤지만, 실제로 간절한 열망을 가진 사람은 10%도 되지 않았어요. 제가 만나 본 '자수성가형 부자'들은 부자가 되고 싶은 열망이 매우 강렬했어요.

그동안 우리는 부자가 되고 싶은 건 욕심이 많아서라고 생각하고 살아왔어요. 돈을 우선시하는 사람을 보면 속물이라고 표현하기도 했고요. 건강한 욕망을 가진 사람이라면 부자가 되고 싶어 하는 건 아주 자연스러운 일이에요. 우리는 고통을 받기 위해 태어난 것이 아니라 자기 자신을 사랑하고, 풍요로움을 느끼기 위해서 이 세상에 왔거든요.

"나는 돈을 많이 벌고 싶어!"

이 문장을 보면 어떤 느낌이 떠오르나요? 남들이 볼까 봐 이렇게 말하기가 부끄럽다는 생각이 드나요? 그렇다면 가장 중요한 부자가 되기 위한 연료를 스스로 없애는 중이에요. 부자가 되기 위해 중요한 열망을 누르려고 하면 할수록 부를 향해서 갈 수 있는 연료는 바닥이 날 거예요.

제가 투자한 부동산이나 주식 이야기 듣는 걸 좋아하는 친구가 있어요. '어떻게 투자했어? 나도 부자 되고 싶어.'라며 연락이 와요. 부동산 앱을 깔고 재테크 관련 유튜브, 책도 보라고 추천을 해줬어요. 부자가 되겠다고 정말 굳게 결심한 것 같았어요. 저도 이 친구가 부자가 되면 좋겠다고 생각했어요. 2~3시간 상담을 해주고 추천 도서를 사주기도 했죠. 시간이 좀 흐른 후 친구에게 물어봤어요.
"그때 줬던 책 다 읽었어?"

"아니, 아직 반밖에 못 읽었어."

결국 내가 원하는 것에 얼마나 집중하느냐가 결과를 만들어 냅니다. 그렇지 않으면 결국 삶은 변화하지 않더라고요. 부자가 되고 싶다고 말만 하지 말고 의식을 집중하고 관심도 그쪽에 쏟아야 해요. 모든 변화의 원료는 바로 열망이에요.

부자가 되고 싶은 욕망은 절대 잘못된 게 아니에요. 마땅하고도 옳은 생각입니다. 우리가 원하는 돈과 물질은 어디에나 존재하고 있어요.

나 스스로 욕망을 억누르지 않고 '나는 그것을 누리기 원한다.'라고 인정하는 게 굉장히 중요합니다. 그게 부를 이루기 위해 꼭 필요한 마음가짐이에요.

'나는 부자가 되고 말 거야!'라고 당신의 욕망을 말해보세요. 아이들은 아이스크림을 달라고 말하고, 조르고, 안 주면 울지요. 돈도 비슷해요. 솔직하게 말해보세요. 부끄러운 가요? 욕망을 말로 표현하면 자유롭게 결정하고 나답게 행동할 수 있어요. 욕망을 드러내는 일에 익숙해지세요. 내가 원하는 때에 원하는 사람과 원하는 장소에서 마음껏 누릴 수 있는 삶. 가슴이 두근대지 않나요?

말이 쉽지 현실에서는 어렵다고요? 맞아요. 부모님도 도와야 하고 아이들 학원비도 많이 들어가죠. 온가족이 행복해지려면 먼저 스스로 부자가 되세요. 현실을 확실하게 극복해야 해요. 긴 인생에서 몇 년만 집중하면 됩니다. 그 정도만 부자가 되기 위해 노력하면, 아주 오랫동안 남을 도우며 살 수 있어요. 그게 타인을 돕는 가장 빠르고 효과적인 방법이에요.

자유로워지면 더 이상 여러분의 시간을 돈을 위해 사용하지 않아도 돼요. 부자가 되면 여러분의 삶을 의미 있는 곳에 사용할 수 있습니다. 인생에는 돈 보다 중요한 게 많거든요.

역설적이지만 돈 보다 다른 중요한 것을 챙기려면 돈을 가장 중요하게 생각해야 합니다. 돈을 벌어야만 하는 삶에서 탈출해야 해요. 그래야 세상을 더 좋은 곳으로 만들 수 있어요. 어떤 이유에서든 이 책을 읽게 된 여러분은 충분히 가치 있고 빛나는 사람입니다.

기억하세요. 당신 같이 좋은 사람이 먼저 부자가 되어야 세상이 좋아집니다.

다들 이렇게
사는 줄 알았어요

어느 날이었죠. 잠을 자는데 제 몸이 두둥실 떠올랐어요. 폭우가 와서 방 안에 물이 차올랐어요. 집안에 있는 모든 물건이 젖었어요. 소중한 사진이 들어있는 앨범, 옷장과 그 속에 있는 옷들, 내가 좋아하는 책, 그리고 교과서까지...

초등학교 때 우리 가족은 지하방에 살았어요. 폭우 때면 어김없이 집이 침수가 되었지요. 하수구가 역류하고 창문으로 비가 들어왔어요. 영화 '기생충'에 나오는 딱 그 집이었죠.

비상 상황이죠. 이럴 때 온 가족은 매뉴얼대로 움직입니다. 서둘러 전기 코드를 뽑고 쓰레받기로 물을 퍼서 세숫대야에 모았어요. 얼마 전에도 서울 한복판에서 벌어졌던 일이지요. 뉴스를 보면서 마음이 찡했어요. 뉴스에는 자원봉사자들이 고생하는 것도 나왔어요. 우리 집 물난리에도 자원봉사자들이 있었죠. 동네에 사는 좋은 이웃들과 친척들이 와서 같이 물을 퍼내고 청소를 도왔어요.

지금 생각해 보면 같이 물을 퍼내고 치워주던 분들이 진짜 부자였죠. 나누고 돕는 마음이 가득한 분들이었어요. 그때의 저는 비 오는 날이 정말 싫었어요. 그 후 이사를 해서 물난리 걱정은 안 하게 되었지요. 하지만 폭우보다 더 한 일들이 기다리고 있었어요.

갑작스러운 아빠의 실직, 당장 다음 달에 내야 할 대학교 등록금... 여기저기 걸려오는 친척들의 빚 독촉까지... 집이 침수되면 치우면 되지만, 돈은 홍수보다 더 무서운 존재였어요. 아빠의 수입이 없어지니, 출구 없는 터널에 갇힌 느낌이었죠. 아무리 둘러봐도 빛 한줄기가 들어오지 않았어요. 불행은 끝나지 않았어요. 갑자기 사채 업자로 부터 전화 한 통이 걸려왔어요.

"네? 저희 집이 경매에 넘어간다고요?"

당시 우리 집은 밑 빠진 독이었어요. 돈을 아무리 부어도 사정은 나아지지 않았어요. '언제까지 이런 삶을 살아야 할까?' 답이 없는 질문이 머릿속을 떠돌았어요. 제가 할 수 있는 일이 없다는 좌절감이 저를 더 괴롭혔어요. 몸도, 마음도 지키기 힘든 때였어요. 그때 저에게는 꿈이 있었거든요. 캐나다로 유학을 가려고 했어요. 유학을 위해 모아 놓은 돈이 있었는데, 집을 위해 써야 했어요. 적은 돈도 아니었는데... 집을 지키는 일에는 부족한 돈이었어요. 그 돈을 집을 위해 쓰고 나니 제 꿈도, 계획도, 미래도 없어졌죠.

그래도 어려운 시절을 잘 버텼어요. 아버지도, 저도 직장을 얻었어요. 집 사정은 조금씩 나아졌지요. 그때는 운명이나 팔자를 원망할 겨를도 없었어요. 그냥 하루하루를 버텼죠. 저는 참 바쁘게 살았어요. 주변을 살필 여력도 없었죠. 남들 생각할 시간은 더 없었어요. 그냥 남들도 나처럼 사나 보다 생각했어요.

그러던 제가 결혼을 하고 나서야 다른 사람들이 사는 모습이 눈에 들어오더군요. 아이 때문이었죠. 다른 이들이 사는 모습에 관심이 생겼어요. 부모님의 삶이 제 삶에 연결된 것처럼 제 삶도 아이의 삶과 연결된다는 생각을 하니, 세상을 다르게 보기 시작했어요.

친구를
초대하지 못하는 집

아이가 태어나니, 저도 정신없는 엄마가 되었어요. 남편을 따라 아는 사람이 한 명도 없는 낯선 동네로 이사를 하였죠. 남편이 너무 바빠 저는 독박 육아를 했어요. 밤낮으로 우는 아이와 같이 엉엉 울 때도 있었죠. 그러던 어느 날 함께 회사에 다녔던 친한 언니로부터 전화가 왔어요. 목소리만 들어도 너무 반가웠어요

"현정아. 아이 낳느라 힘들었지? 축하해! 아이 보러 가도 되니? 아기 주려고 옷도 사 놨어."

반가운 마음이 들었지만, 동시에 제 상황이 입체적으로 떠올랐어

요. 지금 살고 있는 집과 가구들 그리고 이 낡은 동네는 둘러보지 않아도 너무 뻔했어요. 순간 입에서는 제 마음과 다른 말이 튀어나왔어요.

"언니 고마워. 나도 보고 싶은데, 아기가 낯을 많이 가려, 나중에 좀 편할 때 만나야 할 것 같아."

사실은 너무나 언니를 만나고 싶었어요. 먼저 아기를 키워봤으니 물어보고 싶은 것도 많았어요. '나 이렇게 살고 있다고, 너무 힘들다고' 하소연도 하고 싶었어요. 언니가 어떻게 사는지 궁금하기도 했어요. 그 언니의 부모님은 대기업 임원이었어요. 집도 잘 살았고 결혼한 배우자도 상당한 재산이 있었죠. 굉장히 여유 있는 생활을 하고 있었어요.

제 사정은 언니와 정반대였지요. 차마 지은 지 20년이 된 빌라에 놀러 오라는 말은 하지 못했어요. 제가 원한 현실은 아니었죠. 왜 제가 만나고 싶은 사람도 만나지 못하는지, 이런 상황이 싫었어요.

결혼 전만 해도 가난한 건 죄가 아니라고 생각했어요. 반지하 방에 친구들을 8명이나 초대해서 생일파티도 했어요. 남 생각하며 살지 않았거든요. 그러니 남들처럼 돈 쓸 생각도 없었죠. 굳이 쓰지 않아야 할 돈은 쓰지 않았어요. 옷 하나, 구두 하나 제대로 못 산다고 자존심에 상처를 입지도 않았어요. 그런 제가 엄마가 되고 나니 달라지더군요.

'왜 그 언니를 집에 초대하지 못했을까?'

아무리 생각해도 이건 아니었죠. 언니가 제가 사는 모습을 보고 오해하지 않았을 텐데... 절대 제 처지를 보여줄 수는 없었어요. 처녀 때가 그리웠어요. 결혼 전에는 제 몸 하나만 잘 꾸미고 나가면 그만이었거든요. 돈이 많든 적든 아무 상관없이 누구든 만날 수 있었어요.

결혼을 하고 애를 키우게 되니 자연스럽게 다른 집 사정과 비교해서 보게 되었어요. 당시 엄마들은 카카오스토리에 아기 사진을 많이 올렸어요. 그런 사진을 볼 때마다 아기보다는 배경이 먼저 눈에 들어왔어요. 제 자존심이 먼저 반응했죠.

'이렇게 사는 집도 있구나', '예쁘네, 정말 잘 꾸몄다', '이 집은 유모차도 좋은 거 태우네', '여기는 새 아파트인가 보다', '놀이터, 엄청 재미있겠다'.

저도 엄마이니, 아기 사진을 올리고 싶었어요. 사진을 찍을 때는 최대한 아이를 벽 쪽에 가깝게 서게 했어요. 우리 아이 사진 배경으로 좁고 오래된 빌라가 보이는 건 싫었거든요.

엄마가 되면 눈이 달라져요. 더 많이 보게 되고 더 많이 비교하게 되더군요. 사진 속 엄마들은 아이를 위해 모든 것을 해주는 것 같았어요. 그 사진들을 보고 있자면 세상 모든 게 부족해 보였어요. 제가 아이에게 무언가 잘못하고 있다는 생각이 들더군요. 아이를 위한 마음은 끝없이 커졌어요. 여러분도 저랑 비슷한 마음을 가지고 있었나요? 나중에는 일종의 자괴감까지 들었어요. 자괴감은 스마트폰에만 있지는 않았어요. 집 밖에서도 비슷했죠.

돈, 그게 뭔데
날 울려

아이를 위해서는 차가 다니지 않는 안전한 놀이터가 있어야 합니다. 알록달록한 스펀지 바닥의 예쁜 놀이터는 필수죠.

제가 살던 동네에는 그 흔한 모래 놀이터도 없었어요. 6~80대의 할머니, 할아버지들이 주로 살고 있는 동네였죠. 그래서 저와 아이는 인근 아파트에 있는 놀이터로 가야만 했어요. 아파트 규모가 작아서 경비 아저씨는 그곳에 사는 입주민을 거의 다 알고 있었어요. 저는 경비 아저씨 눈치를 봐야 했습니다. 아이를 데려가서 오래 놀지도 못했어요. 경비 아저씨는 아이가 소리를 지르며 놀자 '시끄러우니까, 조용히 해!'라며 소리를 친 적도 있었어요. 그러면 저는 아이에게 귓속말을 했어요.

"조용히 하고 놀아야 해. 안 그러면 집으로 가야 해, 알겠지?"

아이가 노는 내내 저는 마음을 졸였어요. 더 큰 문제도 있었죠. 놀이터에 같이 있는 엄마들이 눈을 마주치며 저에게 인사를 했어요. 애써 모른 척해야 했지요. 사람을 좋아하는 제가 사람을 피했어요. 사람이 무서운 존재라는 것을 그때 처음 느꼈어요. 괜히 인사라도 했다가 "몇 동 살아요?"라고 물어보면 할 말이 없을 테니까요.

놀이터는 누구나 이용할 수 있는 곳처럼 보이지만 어느 곳에 사는지에 따라 누구는 눈치를 봐야 해요. 그 아파트의 놀이터는 안전해서 좋았지만 저는 늘 마음을 졸였습니다. 그리고 아이에게 항상 미안했어요. 시간이 갈수록 마음은 점점 위축되었어요. 산다는 건 자존심을 버리는 일 같았죠. 그래도 놀이터는 가야 했어요. 아이는 뛰어놀아야 하거든요.

제가 살던 빌라에는 엘리베이터도 없었어요. 곤히 잠든 아이를 안고 계단을 걸어서 올랐죠. 집에 자는 아이를 눕혀 놓고 유모차를 다시 집으로 가지고 올라와야 했어요. 집에 들어가면 자던 아이가 깨서 울고 있었어요. 엄마 품에서 떨어졌으니 당연한 일이었죠. 아이를 데리고 오르내리는 일은 운동이라고 위로하기에는 험한 일이었죠.

'엘리베이터만 있었다면 아이가 조금 더 편히 잠을 잘 수 있었을 텐데...'
자연스럽게 한 가지 질문으로 이어졌어요.

'어떻게 하면 이런 삶에서 벗어날 수 있을까?'

계속 그렇게 살 수는 없었어요. 그때 제 마음에 꿈틀거리는 무언가가 느껴졌어요. 아이가 첫돌이 되기 전이었어요. 마음이 바뀌어도 현실은 그대로였어요. 눈치 보며 놀이터를 찾고 매일 낑낑대며 유모차를 집으로 들어 날라야 했죠. 그건 현실이었어요.

벼랑 끝에서
시작된 결단

아이 돌잔치가 얼마 남지 않은 날, 마른하늘에 날벼락이 떨어졌어요. 날벼락은 하나님이 아니라 남편 회사 때문이었어요. 갑자기 회사가 문을 닫게 되었죠. 남편은 고개를 떨구며 연신 미안하다는 말만 했어요. 그다음 달부터 우리 집 생활비는 제가 육아 휴직비로 받는 60만 원뿐이었어요.

갑자기 인생이 반복되고 있다는 느낌이 들었어요. 그건 결혼 전에 집이 경매에 넘어갈 때 느꼈던 감정이었어요. 마음이 바닥으로 떨어졌어요. 다시 터널에 갇힌 느낌이었죠.

'내 인생은 왜 이럴까?'

그렇지만 남편도 최선을 다했어요. 열심히 이력서도 넣고 급한 데로 일용직을 알아보기도 했어요. 우연히 남편의 컴퓨터 바탕화면에서 '벼랑 끝'이라는 폴더를 봤어요. 그 폴더 안에는 이력서가 잔뜩 들어있었지요.

'당신도 참 힘들었겠다. 그래, 지금 가지고 있는 돈으로 잘 생활해 보자. 아껴 쓰면 되지.'

'벼랑 끝' 폴더는 제 마음가짐을 완전히 바꿔 놓았어요.

'이제 나는 더 이상 돈 때문에 비참하게 살지 않겠어!'

그동안 참았던 모든 감정이 하나로 모였어요. 그리고 강한 결핍감이 저를 깨웠어요. 어차피 더 떨어질 곳도 없었거든요. 바닥을 찍었으니 위로 올라갈 일만 남았어요. 어떤 것을 싫어하는지 알게 되니, 어떤 삶을 진정으로 원하는지 확실히 알게 되었어요. 행동으로 옮기기로 했죠.

한 걸음, 두 걸음... 그리고 달렸어요. 마음속에서 저를 깨우는 소리가 공명하고 있었어요.

'나도 반드시 부자가 될 거야!'

선언했어요. 그리고 결단했죠. 제 인생 최초의 결단! 그러니 목표가 뚜렷해졌어요. 그때부터 부자가 되기 위한 여정이 시작되었어요.

결단하는 순간, 마법이 시작됩니다.
흩어져 있던 당신의 에너지가 한 곳에 모입니다.

"나는 부자가 될거야!"
'2 x o = o'
Or
'2 x ??? = ?,000,000,000'

결단하면 숫자 o은 사라집니다.
선택은 당신에게 달려있습니다.

— 러브나애나

어리 버리
부동산 투자

　남편의 실직 덕분에 월급이 영원하지 않는다는 것을 온몸으로 알게 되었어요. 월급으로는 먹고살기도 힘든데 부자가 될 수 있을까? 주식과 펀드를 조금씩 시작했어요. 스트레스가 장난이 아니었죠. 투자 금액이 적을 때는 괜찮았어요. 투자금이 점점 늘어나자 그만큼 불안감도 커져갔죠. 주가가 오르면 하루 종일 기분이 좋았어요. 내리면 하루 종일 우울했어요. 딱 조울증 증세였지요. 생활이 망가지는 느낌까지 들어 과감히 접었어요. 마침 경제적으로 여유 있는 친구가 있어서 물어보았어요.

　"부동산 투자를 한번 해볼까?"

그 친구는 자기 엄마 이야기를 해주었어요. 엄마는 소형 역세권 아파트에 투자해서 월세를 받고 있었죠. 월세를 받아서 대출받은 이자를 내고도 한 달에 30만 원씩 남는다고 했어요. 아파트값도 몇천만 원이나 올랐다고 하니. 눈이 번쩍 뜨였어요. 그 길로 근처에 있는 서점에 들렀어요. 제일 쉬워 보이는 부동산 투자 관련 책을 한 권 골라서 단숨에 읽었어요. 책을 읽고 심장이 뛰던 것이 아마 그때가 처음이었을 거예요.

그리고 몇 권을 더 읽었어요. 책에 나온 정보를 스펀지처럼 빨아들이고 나서 바로 길을 나섰죠. 근처에 있는 역세권 소형 아파트를 보러 갔어요. 당시에는 부동산 가격이 2~3년 연속 하락 추세였어요. 그래서 아파트 동, 호수까지 제가 원하는 대로 고를 수 있었죠. 수리도 제대로 된 집으로 골랐어요. 게다가 집주인이 산 가격보다 몇천만 원이나 더 싸게 살 수 있었어요. 그리고 아파트 가격이 오르기 시작했죠.

마음이 바뀌니 행운도 따라오더군요. 그 후에 욕심도 따라왔지만...

처음 투자한 자산 가격이 오르는 걸 보니 더 빨리 부자가 되고 싶다는 욕심이 생겼어요. '작은 아파트도 가격이 오르는데, 더 큰 부동산을 사면 어떨까?' 저는 넓은 집으로 이사 가는 걸 미뤘어요. 부동산에 더 투자하기로 결심했죠. 오래된 빌라에 살아서 좋은 건, 돈을 깔고 앉아 있지 않아도 된다는 거죠. 그렇게 살기 싫던 빌라가 저에게 금전적 여유를 주었어요. 그때부터 이 집은 돈을 벌어다 주는 집이라 생각하며 즐길 수 있었어요. 만약 그때 아파트로 이사 갔다면 추가 대출도 받아야 했거든요. 관리비도 비싸게 내야 하니, 그 오래된 빌라는 정말 돈 버는 집이었어요.

작은 아파트 투자에 어느 정도 성과를 얻었던 저는 용기를 냈어요. 힘들게 모은 종잣돈과 건물 담보 대출 몇억을 끼고 상가주택을 샀어요. 아뿔싸~! 이게 웬일일까요? 살 때는 보이지 않았던 수많은 상가주택이 보이기 시작했어요. 심지어 아직 휑하게 비어 있는 주변 택지도 있었죠. 공사에 들어간 건물들의 철근은 끝도 없이 올라가고 있었어요. 제가 구매한 상가주택을 부동산에 내놨지만 보러 오는 사람도 없었어요. 끝끝내 세입자는 구해지지 않았지요.

'아... 내가 경매 사이트에서 본 집들이 그렇게 많았던 게 다 이유가 있었구나! 어떻게 모은 돈인데... 좀 잘 살아 보겠다고 아등바등 애쓰는 데, 이렇게 안 도와주나? 나 같은 사람은 부자가 되면 안 되는 걸까?'

한밤중에도 새벽 3시만 되면 눈이 번쩍 떠졌어요. 재테크 좀 한다고 생각했는데, 저는 쥐구멍이라도 찾아 숨고 싶었어요. 얼마 안 되는 월급에서 대출 이자는 계속 나갔어요. 둘째가 태어난 지 얼마 되지 않은 상황이라 맞벌이를 할 수도 없었지요. 남편 혼자 버는데 추가로 대출이자까지 내야 하니 상황이 더 심각해졌어요. '이건 꿈일 거야. 하나님께서 나에게 이러실 리가 없어.'

한숨을 쉬어도 꽉 막힌 답답한 마음은 하나도 나아지지 않았어요. 가슴에 바위 덩어리를 얹고 있는 것 같았죠.

"나 같은 사람도 부자가 될 수 있을까요?"

지금 삶이 힘들다고 느껴지나요?
힘든 시기에 꾸는 꿈은 더 잘 이루어집니다.
'절실함'이라는 강력한 힘이 뒤에서 나를 밀어주거든요.

— 러브나애나

2장

변화의 시작 본격적인 돈 공부, 더하기

어떻게
부자가 되었어?

독서모임에서 알게 된 동생 '제나'에게 전화가 왔어요. 궁금한 게 생기면 늘 적극적으로 물어보고 행동하는 예쁜 친구죠. 특히 제 투자 이야기 듣는 걸 좋아하는 동생이었어요.

"언니, 어떻게 투자한 거야? 나도 부자 되고 싶어."
호기심이 많은 제나는 진지한 목소리로 물었어요.

"음, 투자하기 전에 먼저 우리가 살고 있는 자본주의 사회의 룰을 먼저 이해해야 해. 우선 EBS 다큐프라임 '자본주의'를 봐. 그리고 느낀 점을 이야기해 줘."

인정하던, 인정하지 않든 간에 우리는 자본주의라는 게임을 하는 플레이어죠.

월, 화, 수, 목, 금. 주 5일, 9시부터 6시까지 일을 하고 집으로 돌아오는 삶을 살고 있죠. 쳇바퀴 도는 삶을 탈출하려면 어떻게 해야 할까요?

우선 '돈은 빚이다'라는 게임 규칙을 알아야 합니다. 만약 여러분이 100만 원을 저축한다면, 은행은 10만 원을 제외하고 나머지 90만 원을 대출합니다. 이러한 원리로 중앙은행이 시중은행에 100억 원을 주면 시장에 도는 돈은 약 1000억 원으로 늘어납니다.

> 은행에 예금된 돈의 90%는 은행에 있지 않습니다.
>
> — 제프리 잉햄, 런던대 교수

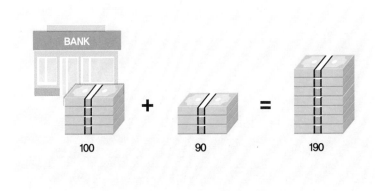

출처 EBS 다큐프라임 자본주의 – 돈은 빚이다

100만 원은 은행을 거치며 190만 원이 되고, 그렇게 은행에서 은행으로 돈이 돌다 보면 돈은 1000만 원으로 순식간에 불어납니다. 예금뿐만 아닙니다. 대출해도 똑같이 돈이 불어납니다. 지급 준비율이 10%라고 하면, 은행이 가진 돈 100은 그 열 배인 1000으로 늘어납니다. 이것을 신용창조라고 부릅니다. 실제 돈은 없지만, 돈이 있다고 믿고 돈을 돌리는 거지요. 그래서 신용이라는 말을 사용합니다. 900만큼은 실제 돈이 아니에요. 신용창조로 새로 생겨난 돈입니다. 우리가 생각하는 돈은 종이로 된 지폐를 생각하지만, 시중에 돌아다니는 돈은 우리의 믿음을 근거로 존재합니다.

돈은 신용에 따라 결정됩니다. 미국 달러의 화폐 가치가 높다는 말은 사람들이 미국 달러를 더 믿는다는 말입니다. 사람도 비슷합니다. 신용이 높다는 건 그만큼 믿을 만한, 즉 돈을 빌려 가도 잘 갚을 사람이라는 말입니다. 신용이 높은 사람일수록, 즉 돈을 잘 갚을 수 있는 조건을 많이 가진 사람일수록 돈을 더 많이 빌릴 수 있습니다.

이렇게 통화량은 매해 늘고 있습니다. 통화량이 늘어나면 당연하게 물가는 상승합니다. 시중 통화량이 늘어나면 우리 통장의 돈도 같은 속도로 늘어야 하는데 꼭 그렇지는 않습니다. 대부분 돈을 버는 속도보다 통화량이 더 빠르게 늘어납니다. 상품의 공급량이 바뀌지 않았는데, 통화량이 늘어나면 당연히 물가는 오릅니다. 한때 100원이었던 신라면 가격이 지금은 통화량이 늘어나 1000원이 되었습니다. 이렇게 물가는 통화량에 따라 계속 오르게 됩니다. 우리가 받는 월급만 **빼고요.**

이런 자본주의의 본질을 모르고 산다면 절대로 삶의 쳇바퀴에서 벗어나지 못합니다. 그러니 공부해야 합니다. 자본주의의 '감춰진 진실'은 내가 알아보려고 하지 않는 이상 그 누구도 먼저 알려주지 않거든요.

바로 다음 날 제나에게 전화가 왔어요.

"언니, 다큐 다 봤어. 아 자본주의는 빚이 있어야 돌아가는구나. 돈은 계속 빚을 만들고 통화량은 계속 늘어나니까 물가가 왜 오르는지 확실히 알겠어. 내가 왜 월급만 모아서 집을 못 사고 있는지도. 시간이 흐르면 10억으로 살 수 있던 아파트가 15억, 20억을 주고 사야 하니 돈을 가만히 놔두는 건 손해였어. 왜 그동안 투자를 안 하고 있었지? 나도 은행처럼 돈을 빌려서 더 높은 수익을 얻어야겠어. 나는 직장은 있으니 신용은 있거든. 돈만 빌리면 되네. 당장 투자할래. 어떤 거부터 해야 돼?"

"워워. 진정해. 언니도 처음 자본주의에 대해서 알게 되고 뭔가에

한 방 맞은 거 같았어. 자본주의 사회에서 '신용=돈'이야. 부자들이 왜 그렇게 평판에 신경 쓰는지 알겠지? 지금은 시간을 가지고 공부를 해야 하는 때야. 먼저 로버트 기요사키의 '부자아빠 가난한 아빠', 보도 새퍼의 '돈', 모건하우절의 '돈의 심리학' 그리고 최근에 나온 부동산 책 3권만 읽고 만나자. 다 읽으면 언니가 맛있는 거 사줄 게"

"응, 학교랑 집에서는 돈 버는 방법을 한 번도 알려준 적이 없었어. 몰랐는데 돈 공부 생각보다 재미있네? 빨리 내 이름으로 된 집 한 채를 사고 싶어."

"지금 얼마나 모았는데?"

"모으긴 뭘 모아. 학자금 대출 갚고 차 할부가 아직 300만 원 정도 남았을걸? 입출금 통장에 70만 원 있어. 참 변액유니버설에 20만 원씩 3년 넣어서 아마 700만 원쯤 있을 거야."

"너는 그 돈을 어떤 목적으로 모은 거야?"

"목적? 그냥 쓰고 계좌에 남은 돈이야. 변액 보험은 지난번에 엄마 아는 분이 하면 좋다고 해서..."

"너 일할 때를 생각해 봐. 그 일을 왜 하는지 잘 알잖아. 일도 우선순위 정하고 중요한 것부터 하지? 돈도 마찬가지야. 돈을 불리는 목적과 우선순위를 정해 놓아야 해. 그렇지 않으면 돈은 절대로 모이지 않아. 변액 보험 지금 해지하면 원금 다 돌려받을 수 있어? 사업비 차감하면 아마 마이너스일 거야. 괜찮은 부동산에 투자하려면 최소 3천만 원은 있어야 해."

"아, 시작이 어렵네."

"돈을 모으는 것부터 시작해 보자. 사고 싶은 지역이랑 부동산 가격을 공부하면서 계속 돈을 모으는 거야. 그럼 네 신용도가 점점 올라갈 거야. 더 많은 돈을 빌릴 수 있겠지? 부동산 공부를 하다 보면 욕심이 생길걸? 같은 돈으로 더 좋은 학군과 상권이 있는 아파트를 살 수 있으니까. 찜해 놓은 명품 살려고 돈을 모으는 거랑 비슷해. 그 부동산을 사고 싶어질수록, 너도 모르게 돈을 더 많이 모으게 될 거야. 다음엔 종잣돈 모으는 방법을 알려 줄게."

"근데 언니는 그 월급으로 대체 어떻게 돈을 모은 거야?"

"하하, 사실 그게 가장 중요한 포인트야. 질문이 예리하네. 그건 다음에 만날 때 자세히 얘기해 줄게. 애들 하원 할 시간이라. 책 다 읽으면 연락해"

통화를 하면서 동생의 조급한 마음이 느껴졌어요. 현실에서 우리는 돈을 모으기보다는 벌기에 급급해요. 일을 해야 돈을 벌고 그 돈으로 먹고살아야 하기 때문이죠.

월, 화, 수, 목, 금 주 5일, 9시부터 6시까지. 직장인이리면 누구도 벗어날 수 없는 룰! 이 안에서는 마음의 여유도, 자유로운 선택과 행동을 할 수 없습니다. 저는 사실 동생에게 돈을 버는 방법보다 돈을 모아야 하는 이유를 알려주고 싶었어요.

제가 동생에게 소개한 책에는 돈을 모아야 하는 이유가 명확하게 나와 있습니다. 그 이유는 돈이 돈을 벌게 만들면 자유가 생기기 때문입니다.

하고 싶은 것을 하고, 하기 싫은 것을 하지 않을 자유!
타인이 정해준 시간이 아니라 내가 정한 시간으로 살 수 있는 자유!
조건에 휘둘리지 않고 자신이 선택하는 삶을 살 수 있는 자유!

자유에 대한 갈망이 없다면, 자본주의 원리를 아무리 잘 알고 있어도 종잣돈을 모을 수도 없고 부자가 되기도 쉽지 않거든요 여러분은 자유롭게 되면 무엇을 하고 싶나요?

가장 먼저 무엇을 하고 있을지 떠올려 보세요.

더 구체적이고 생생하게 떠올릴수록

더 빠르게 현실로 나타납니다.

– 러브나애나

4% 부자들의
비밀

동생은 일주일도 안 되어 연락이 왔어요. 그 책들을 다 읽었으니 빨리 만나고 싶다고 했어요. 저는 약속 장소를 호텔에 있는 레스토랑으로 정했어요. 부자의 기분을 미리 느껴보는데 그만한 곳은 없거든요. 동생은 그전과는 달리 눈빛이 반짝였어요. 생기 있는 얼굴을 보니 저도 기분이 좋아졌습니다.

"와! 이렇게 분위기 좋은 곳은 처음 와 보는 것 같아. 나 여기 인스타에서 많이 봤어. 한 번은 와보고 싶었는데... 언니 덕분에 오게 되네. 고마워! 나도 부자가 되면 언니랑 멋진 곳에 갈 거야. 그때는 내가 사 줄 게."

"너, 정말 부자가 되기로 결심했구나? 멋진데? 부자 아빠 가난한 아빠는 다 읽었지? 전에 로버트 기요사키가 만든 동영상을 본 적이 있거든. 그중에 마음에 남는 이야기가 있었어. 사람들은 자란 환경과 갖고 있는 지식에 따라 돈을 다르게 쓴다고 하더라고. 그 동영상에서 100명을 대상으로 하는 실험도 소개했어. 실험에 참여하는 사람들에게 각각 천만 원씩 나눠주고 마음대로 쓰라고 했어. 어떻게 됐을 거 같아?"

"그 천만 원 나한 테 주면 안 되나? 언니가 알려준 책 읽었더니, 이제 나도 돈을 잘 불릴 수 있을 것 같은데."

"실험 결과는 이래. 100명 중 80명은 그 돈을 다 썼어. 16명은 1050만 원이 되었고, 아마 은행 이자 정도 되겠지? 나머지 4명은 2000만 원 이상 벌었어. 10억 이상을 번 사람도 있대. 이 4명은 96명이 모르는 것을 알고 있었어. 돈을 두 배 이상 불린 4%는 무슨 일을 했을까? 이들의 행동에는 원리가 있었어. '곱하기'를 한 거야. 투자를 한 거지. 이들에게는 금융 지능이 있었어. 우선 4%는 돈을 받자마자 여러 계좌에 나눠서 보관했어. 월급 받으면 어떻게 돈 관리해?"

"뭐 관리라고 할 게 있어야지. 그냥 월급 들어오면 학자금 대출, 자동차 할부금, 카드값으로 빠져나가. 그러면 몇십만 원 남는 게 다야.

그나마 보험료로 빠져나가기 전에 내가 쓸 돈을 우선 빼놔. 그래야 현금을 구경이라도 할 수 있으니까. 근데 언니는 그 월급으로 어떻게 돈을 모았어? 그게 참 신기해."

동생은 눈을 동그랗게 뜨고 저를 쳐다봤어요.

"연예인들이 잘나갈 때, 돈을 많이 벌다가 수입이 끊기면 어떻게 되는지 알지? 어떤 연예인은 부동산 등 자산을 미리 사놓고 준비를 해. 반면 돈을 다 써버린 연예인은 인기가 없어져도 어쩔 수 없이 생계를 위해 계속 일을 해야만 해. 배달을 하거나 대리운전을 하는 사람도 봤어. 지난번에 같이 만난 친구 진희도 그렇고. 그 친구는 한때 월 천만 원을 우습게 벌었어. 지금은 수입이 적어져서 꽤 고생하고 있어. 사실 얼마를 버느냐보다 '돈을 어떻게 관리하는지'가 더 중요해. 저축하거나 자산으로 바꾸지 않은 돈은 그 사람의 돈이 아니거든. 그냥 스쳐지나가는 거지."

"돈 관리라... 말만 들어도 어려울 것 같아."
제나는 어려운 수학 문제를 푸는 듯한 표정을 지으며 말했어요.

"보통 사람들에게는 계좌에 돈이 있으면 다 써버리고 싶은 본능이 있어. 물론 언니도 있지. 그래서 의도적으로 돈을 여러 계좌에 분산해

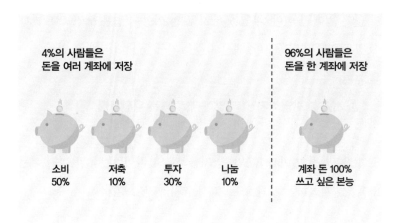

4%의 사람들은
돈을 여러 계좌에 저장

소비
50%

저축
10%

투자
30%

나눔
10%

96%의 사람들은
돈을 한 계좌에 저장

계좌 돈 100%
쓰고 싶은 본능

낮어. 남편 월급은 무조건 저축하고, 생활비는 내 월급으로 해결했어. 그리고 계좌를 용도 별로 나눴어. 이걸 매달 하려면 귀찮거든. 그래서 월급을 받으면 용도 별 통장으로 자동이체를 걸어 놨어. 10%는 노후 대비를 위해 연금저축계좌에 넣어 ETF에 투자하고, 10%는 경조사나 기부를 위해 따로 빼놨어. 나머지는 무조건 저축을 했지."

"언니 월급으로 생활이 가능해? 부족하진 않았어? 갑자기 돈이 더 들어갈 때도 있잖아."

"참았지. 돈을 더 쓸 일이 있어도 참고, 이 비율을 유지했어. 회사 다니면 이런 얘기 많이 하잖아. '부자는 바라지도 않아. 월급 100만 원만 더 오르면 좋겠어.' 보통 우리는 수입에 초점을 맞추지. 가지고 있지 않은 거에 말이야. 부업을 하지 않는 이상 수입은 당장 컨트롤할 수 있는 영역이 아니잖아. 대신 지출은 지금 당장 관리할 수 있어."

"난, 지출을 관리하기 쉽지 않은데, 언니는 대단하다."

"1000만 원 벌어서 100만 원 저금하는 사람이랑 200만 원 벌어서 100만 원 저금하는 사람 중 누가 더 빨리 부자가 될까?"

"음, 1000만 원 버는 사람?"

"땡! 틀렸어. 200만 원 벌어서 100만 원을 저금하는 사람이야. 사실 얼마를 버느냐보다 중요한 게 있어.

첫째로 중요한 건 저축률이야. 1000만 원 버는 사람의 저축률은 10% 지만 200만 원 버는 사람은 50%야.

둘째 중요한 건 수익률이야. 모은 돈을 어떤 곳에 투자하는지가 중요해.

셋째 중요한 건 복리 마법을 누릴 수 있는 시간이지. 시간에 따라 원금은 기하급수로 늘어날 수 있어. 오죽하면 아인슈타인이 복리가 세계 8대 불가사의라고 했겠어. 그 복리 불가사의를 경험하려면 시간이 절대적으로 필요해.

이 세 가지 보다 중요한 게 있어. 무조건 돈을 잃지 않는 거야. 아무리 큰 수익률을 얻었어도 그 돈을 잃게 되면 의미가 없겠지. 리스크가 있는 투자 상품은 조심해야 한다는 말도 돼. 네가 들었던 변액 보험은 수익률을 떠나서 원금에 사업비만 10%를 차감해. 처음부터 돈을 잃고 시작하는 거야."

"어쩐지… 변액 보험 납입한지 3년이나 됐는데 아직도 원금의 70% 밖에 못 찾더라고. 난 지금까지 내 수입이 적어서 부자가 되지 못한다고 생각했는데… 그게 아니었구나."

마침 주문한 음료가 나왔어요. 동생은 레모네이드 잔에 담긴 동그란 아이스 볼을 신기한 표정으로 바라보며 말했어요.
"호텔은 얼음도 다르구나."

종자돈 모으는
꿀 팁

배움에 열정이 가득한 동생을 보니 저도 덩달아 신이 났어요. 호텔에서 느껴지는 은은한 꽃향기와 조명이 만들어 주는 근사한 분위기는 수다를 더 꽃피우게 했죠.

"아이스 볼 보니까 생각나는 게 있네. 너 스노볼snowball 효과라고 들어봤어?

워런 버핏이 한 말이야. 작은 눈덩이를 굴리다 보면 나중에 큰 눈덩이가 되는 것처럼 돈도 그렇다는 말이지. 적은 돈을 한번 뭉쳐서 거대하게 만들면 돈이 늘어나는 속도 역시도 빨라지거든. 언니도 처음에 아껴서 3천만 원 만들기까지, 1년이 넘게 걸렸어. 1억에서 3억으로, 다시 5억에서 10억은 생각보다 더 빨리 불어나. 거대한 눈 뭉치를 만드는 방법은 작은 눈송이 같은 푼돈을 모으는 거야. 푼돈을 모으지 못하는 사람은 절대로 부자가 될 수 없거든. 언니도 푼돈으로 종잣돈 3천만 원을 모았어. 그래서 첫 번째 부동산 투자를 시작할 수 있었던 거야."

"그래? 사실 푼돈은 있으나 마나라고 생각했는데..."
동생은 생각에 잠기며 레모네이드를 마셨어요.

종잣돈 모으는 꿀 팁

종잣돈을 모으는 첫 번째 방법은
1년에 얼마를 모을지 목표 금액을 정하는 것입니다.

목표는 너무 무리하지 않고 현실 가능하게 잡아보세요. 처음부터 '10억 만들기'라고 정하면 도전하다가 실패할 가능성이 커요. 당시 제 주변에는 10억 자산가도 없었고, 10억 자산을 가진 사람의 일상이나 삶은 상상할 수도 없었어요. 대신 직장동료 중에는 3천만 원을 모아본 선배들이 많이 있었어요. 그래서 3천만 원을 모으기를 목표로 정했지요. 3천만 원을 먼저 만들고 나니까 5천만 원, 1억 원을 만들 힘이 생겼어요. 그 후에는 10억, 다음에는 30억, 더 나아가 100억까지 만들 수 있겠다는 확신이 들었어요.

1년에 3천만 원을 모으려면 한 달에 얼마씩 모으면 좋을까요? 3천만 원이면 한 달에 250만 원씩 모으면 됩니다. 맞벌이 부부라면 남편이나 아내 급여는 생활비로 쓰고 나머지 한 명의 금액은 다 저축하면 돼요. 갑자기 그렇게 많은 금액을 저축하면 어떻게 생활하냐고요? 꼭 필요하지 않은 지출을 조금씩 줄여보세요. 많이 쓰다가 줄이는 건 힘들지만, 처음부터 타이트하게 생활하다 보면 금세 익숙해져요. 그래서 신혼 때나 사회 초년생부터 습관을 잡아 주면 더 좋습니다. 가능하면 결혼하고 아이를 낳기 전이 돈을 모으기 딱 좋은 타이밍입니다.

두 번째 방법은 통장을 쪼개서 적금하는 것입니다.

한 달에 총 250만 원을 적금하기로 했다면 전액을 한 통장에 넣지 마세요. 한 통장에는 100만 원, 한 통장에는 80만 원, 70만 원 이렇게 세 개 통장에 나눠 돈을 넣으세요. 왜냐하면 우리는 내일 일도 알 수가 없기 때문이에요. 살다 보면 갑자기 돈이 필요한 경우가 생기기 마련이죠. 그때 통장을 한 번에 해지하게 되면 약속된 이자를 받지 못해요. 더불어 의욕을 잃을 수도 있어요. '결국 나는 끝까지 해낼 수 없는 사람이구나. 돈 모으기는 너무 힘들어.' 이런 자책감이 들지 몰라요. 금액별로 적금 통장을 갖게 되면, 그중에 필요한 금액만큼 해약을 할 수 있어요. 약속된 기간 동안 적금으로 돈을 모으고 이자를 받으면 됩니다. 시간이 지날수록 '나는 한다면 하는 사람이다'라는 자신감이 생깁니다. 그래서 통장을 여러 개로 나눠서 적금하는 것을 추천합니다.

세 번째 방법은
작은 차이라도 금리가 높은 곳에 적금하는 것입니다.

종잣돈 모으는 단계에서는 금리가 조금이라도 높은 곳에 적금하는 것이 유리합니다. '금리, 그 작은 차이가 얼마나 된다고?' 의심도 들 거예요. 하지만 복리 마법이라고 들어 보셨죠? 작은 이자 차이가 나중에 큰 차이를 만들어요. 재테크 초보 시절에 제가 할 수 있는 건 금리 높은 곳에 적금하는 방법밖에 몰랐어요. 모네타 Moneta 같은 사이트에 들어가서 최고 금리 찾기를 누르면 됩니다. 현재 판매되고 있는 금융 상품 중 가장 높은 금리를 추천합니다. 보통 상호저축은행이 제1금융권 보다 더 높은 금리를 적용합니다. 간혹 불안해하는 분들도 있어요. 하지만 법으로 1인당 5천만 원 한도로 예금자 보호를 해주니, 걱정하지 마시고 예·적금 상품에 가입해도 괜찮습니다.

네 번째 방법은
적금 만기 시 '자투리 금액, 반올림 예금 묶기'입니다.

한 달에 80만 원씩 1년 동안 적금을 넣었다면, 만기 때 원금 960만 원을 받게 돼요. 2% 이자까지 합하면 정확히 9,704,000원을 받게 될 거예요. 여기서 '반올림 예금 묶기' 방법을 사용합니다. 보통 적금 만기가 되면 무언가 해냈다는 성취감 때문에 '오늘 저녁은 소고기!'를 외치게 되죠. 사람들은 1년 동안 이자로 받은 돈을 사용하고 싶어 합니다. 하지만 이때가 바로 천만 원이라는 목돈을 만들 절호의 기회입니다. 296,000원을 추가로 합쳐 천만 원이라는 단단한 돈으로 바꿔 보세요. 960만 원과 천만 원, 어떤 돈이 더 단단해 보이나요?

이렇게 뭉텅이로 묶어 놓으면, 돈은 절대로 흩어지지 않아요. 뭉친 돈을 다시 높은 금리를 주는 예금에 예치하면 됩니다. 꼭 사고 싶은 부동산에 투자하기 전까지만요. 지금처럼 금리가 오르고 있는 상황에서는 적금 만기를 3개월, 6개월 단위로 짧게 가입하는 것도 좋은 방법입니다.

동생은 눈앞에 있는 샐러드에는 손도 대지 않은 채, 열심히 메모를 하고 있었어요. 나는 레모네이드를 한 모금 마신 후, 이어서 말했어요.

"이렇게 적은 돈을 단단하게 뭉칠 수 있는 사람만이 큰 눈덩이도 안정적으로 굴릴 수 있어. 기억해! 백억 부자도 삼천만 원부터, 지금 모으는 십만 원부터 시작한 거야"

"에이, 십만 원씩 저금해서 언제 부자가 되겠어, 한참 멀었구먼. 그런 거 말고 더 빠르게 부자 될 방법은 없을까?"

"좋아. 그럼 다음에는 진짜 빠르게 부자가 될 방법을 얘기해 줄게. 대신 하루만 돈을 맡겨도 이자를 주는 통장부터 개설해 봐. 돈을 모을 때는 이자 수익률 싸움이야. 훨씬 더 빠르게 돈을 만들어주거든. 이제

밥 좀 먹을까?"

동생과 고풍스럽고 여유로운 호텔 분위기를 만끽하며 식사했어요. 똑같은 음식인데, 왜 더 맛있는지 모르겠다며 같이 한참을 웃었습니다.

"나중에 나는 이 호텔에 있는 똑같은 조명이랑 대리석으로 우리 집 주방 인테리어를 할 거야"

동생은 벌써 부자가 된 것 같은 기분으로 상상의 나래를 펼쳤어요. 저도 덩달아 기분이 좋아서 웃음이 나왔어요. 저도 동생 같을 때가 있었거든요.

현실은 비록 컴컴한 터널 속이라도 상상이 먼저예요.
상상할 수 있으면 현실에서도 해낼 수 있어요.

— 러브나애나

매일 이자를 받는 토스 뱅크

신용 카드 회사에서 내 월급을 가져가기 전에 어디에 돈을 보관하시나요? 그 짧은 시간에도 이자를 받을 수 있습니다. 단 하루를 맡겨도 이자를 받을 수 있는 파킹 통장, 토스 뱅크를 추천드려요. 토스 뱅크는 통장 잔액을 기준으로 예금 이자(연 2.3%, 2022년 10월 기준)를 하루 단위로 지급하는 '일 복리' 서비스입니다.

토스 뱅크 앱을 다운로드해 계좌를 만들고 돈을 넣어두세요. 토스 앱을 방문해 '지금 이자 받기' 버튼을 누르면 매일 이자를 받을 수 있어요. 이자를 받으며 매일 돈이 입금되는 풍요로운 기분을 느끼는 것은 아주 중요합니다. 클릭 한 번이면 되니 매일매일 거르지 마세요.

부자가 되는
가장 빠른 방법

호텔에서 만난 지 3일도 안 돼서 동생에게 전화가 왔어요.

"언니가 말한 파킹 계좌 만들었어. 예전에는 한 번에 많은 금액이 한 통장에 들어오고 빠져나갔는데 그게 실적에 좋은 줄 알았지 뭐야. 사실 알아볼 생각도 없고 귀찮았어. 계좌를 더 만들면 은행만 좋은 줄 알았거든. 내가 얼마나 보상심리가 강하고, 습관이 안 되어 있었는지... 근데 저번에 알려 준다고 한 '가장 빠르게 부자 되는 방법'은 뭐야? 정말 기대 중이야!"

"음... 부자가 되는 가장 빠른 방법은 돈을 쓰기 전에 먼저 따로 빼놓는 거야. 100원도 괜찮아. 우리는 보통 큰돈이 아니라는 생각에 푼돈을 우습게 생각하고 그냥 사용하잖아. 큰돈을 만들려면 반드시 적은 돈뭉치를 만들 줄 알아야 해. 언니가 그 월급으로 어떻게 돈을 모았는지 신기하다고 했지? 비밀은 아주 작은 사소한 데 있어."

"눈사람 만들 때, 눈 뭉치에서 시작하는 거랑 같은 기야?"

"그렇지. 눈 뭉치를 크게 빨리 만들려면 지출을 조절해야 해. 난 단돈 백 원이라도 불필요한 곳에 지출하는 걸 매우 몹시 싫어해. 조금만 신경 쓰면 아낄 수 있는 은행 수수료, 주차비, 봉툿값 50원 같은 것 말이야. 이렇게 적은 돈을 소중히 여기면, 돈도 나를 귀하게 여겨. 돈도 '이 사람이 나를 귀하게 대접해 주는구나'라고 생각해. 돈이 나에게 좋은 감정을 갖게 되거든. 그래서 자꾸 자기 친구들을 부르나 봐."

"돈에도 감정이 있다니... 나는 그냥 다 잔돈을 무심코 썼는데. 잔돈을 안 쓰면, 정말 그렇게 큰 차이가 나는 거야? 아직 잘 모르겠어."

"이건 엄청난 자산을 가진 자수성가 부자들 이야기야. 그들은 부자가 되는 첫 번째 방법을 적은 돈을 모으는 것이라고 손꼽아 이야기해. 부자가 된 사람들은 돈이 부족해도 적금과 같은 상품을 만기까지 유지하려고 노력해. 그들처럼 절제력을 키우는 게 목돈을 만드는 가장 빠른 방법이야. 부자는 자기 경험을 통해 이미 배워서 잘 알고 있어. 다이어트할 때 한 입만 먹을까 싶다가도 끝까지 참아내는 사람이 결국 다이어트에 성공하잖아. 비슷해. 돈이 부족해도 저축 전용 계좌의 돈을 소비통장으로 옮기지 않는 게 키포인트야."

"다이어트에 비유하니 이해가 더 잘 되는 것 같아."

"언니는 사실 월급이 세금 떼고 200만 원이 채 안 되는 게 너무 부끄러웠어. 더 많이 벌고 싶었는데 방법을 몰랐어. 그래서 어떻게 하면 돈을 최단 시간에 모을 수 있을지를 고민했어. 물론 내가 할 수 있는 방법만 선택했지. 그렇게 생각해 보니 절약하지 않고 인내하지 못하면, 절대로 돈을 모을 수 없다고 깨달았어. 욕조에 물을 많이 받으려면 어떻게 해야 할까?"

수입을 늘리거나
지출을 통제하거나

"당연히 욕조 구멍을 막고 물을 틀면 되지! 뭐 그런 쉬운 질문을 해."

"그래 맞아. 언니도 욕조 구멍을 마개로 막은 것뿐이야. 물론 한 방울도 새어 나가지 않게 꽉! 물을 받겠다면서 구멍을 열면 물을 모을 수 없으니까. 물을 더 세게 틀어 욕조에 넣고 싶었지만, 그때는 수입을 늘릴 방법을 몰랐어. 그래서 당장 할 수 있는 절약을 통해 종잣돈을 빠르게 모은 거야."

"난 종잣돈은 1억 원쯤 되어야 한다고 생각했는데."

"그렇지 않아. 종잣돈은 3천만 원만 있어도 충분해. 나도 그 돈으로 부동산 투자를 시작했어. 종잣돈만 있으면 돈이 알아서 일하게 만들 수 있어. 게다가 절약을 통해 미리 절제하는 습관을 익히면, 부자가 돼도 절대로 돈이 새 나가지 않을 거야. 무슨 일이든 작은 일을 할 때 시도하는 게 가장 쉬운 방법이거든. 부자가 돼서 절약하는 게 과연 쉬울까? 돈이 많아지면 마음이 더 느슨해지고 씀씀이도 더 커지기 마련이야. 지금부터 절약해서 돈을 모으기 시작하면 한번 익힌 습관은 부자가 돼도 바꾸기 쉽지 않아."

"그래서 언니가 아직도 짠 테크를 하는구나. 굳이 안 그래도 될 거 같은데, 왜 아직도 아껴 쓰고 그러나 했어.”

"하하, 맞아. 그래도 그렇게 아낀 돈으로 너랑 호텔도 가잖아. 쓸 때 제대로 쓰면 돼. 평소에는 습관대로 살아. 지금도 ATM 기기에서는 절대 돈을 찾지 않아. 수수료 800원이 너무 아까워. 비닐봉지 50원을 주고 사는 것도 마찬가지야. 마트에 갈 때 꼭 에코백을 들고 가. 쓸모없는 곳에 돈을 사용하는 건 내 시간과 에너지를 버리는 것과 같다고 생각하거든. 너도 그런 곳에 돈을 사용하지 않으면, 네가 정말 원하는 곳에 너그럽게 쓸 수 있어. 이렇게 하면 너에게도 자유로운 선택권이 생기게 될 거야.”

다이어트, 재테크, 인간관계
모든게 자신에 대한 통제력을
가지고 있는지 아닌지에 달렸다.

가장 빠르게 부자가 되는 방법.

지출 규모를 계산하고(1단계),
저축 목표를 세우고(2단계),
예상 지출을 제외한 모든 돈을 따로 떼어 저축한다(3단계)

절약은
풍요를 부른다

동생과 매일 통화해도 어쩜 할 이야기가 그리 많은지, 한 시간은 기본이었어요.

"언니 얘기 들으니까 가수 HOT 멤버 장우혁 생각이 나네, 지난번에 예능 프로그램에서 봤는데 물티슈를 빨아서 쓴다고 하더라고. 120억 원대의 건물을 가진 사람이 왜 그러나 싶었어. 부자들은 원래 다 그런 거야?"

"어머, 그래? 나도 물티슈 한 번 쓰고 버리기 아까워서 빨아서 쓰거든. 밥 먹은 상을 물티슈로 닦고 한 번 빨아서 바닥을 닦을 때 써. 그리고 그냥 안 버려. 이 물티슈를 접어서 창틀을 닦을 때 쓰면 아주 좋아. 지구 환경에도, 경제적으로도 여러 번 쓰면 여러모로 도움이 되지. 장우혁 씨는 쓸 수 있는 돈이 많이 있지만 쓰지 않는 절제력이 있네. 멋진 사람이야. 아마 그 절제력 때문에 부자가 되었을 거야. 그런 사람을 온유한 사람이라고 해. HOT 중에서 장우혁을 가장 좋아했었는데, 역시 내가 안목이 있었네. 하하.

유명한 운동선수나 억대 연봉을 받는 연예인들 보면 부럽지? 근데 그 사람들은 품위 유지하느라 지출을 많이 해. 그들은 일정한 수입이 들어오지 않기 때문에 저축은 당연히 못 하지. 파산한 사례가 많이 있을 거야. 요즘은 SNS의 발달로 평범한 사람들도 고가의 명품이나 외제차를 사서 자랑을 많이 하잖아. 일종의 과시를 하는 거야."

"맞아, 내 친구들도 돈 좀 번다고 하면 다 외제 차 타더라. 요즘은 벤츠가 강남 소나타라고 한데. 너무 흔해서. 나도 예전엔 벤츠가 드림카였어. 지금은 람보르기니로 바뀌었지만. 물론 지금 말고 나중에 경제적으로 자유로워지면 꼭 타고 다닐 거야."

"그럼. 너도 충분히 자유로워질 수 있어. 내 생각에 인생은 플러스 인생과 마이너스 인생이 있는 것 같아. 소비에 집중하고 있는 친구들은 아마 마이너스 인생을 살고 있을 거야. 외제 차, 명품 백을 사고 나면, 당장은 부자가 된 것 같은 느낌이 들어. 돈을 마구 쓸 때는 자신이 뭘 팔고 있는지 잘 몰라. 그런 사람 중에 일부는 빠른 시간 내에, 나머지는 시간이 좀 지나서야 자신의 자유로운 미래가 없다는 걸 알게 돼. 뒤늦게 본인의 자유를 물건과 계속 바꾸고 있다는 걸 깨달았을 땐 자유는 저만치 달아나 있을 거야. 요즘 SNS를 보면 돈은 많이 벌지만, 스스로의 자유를 저당 잡힌 사람들이 정말 많은 것 같아."

"아, 람보르기니는 너무했나? 내가 당장 할 수 있는 걸 하지 않으면서, 막연하게 '나도 부자가 되고 싶다'고 생각한 것 같아. 마치 희망 고문처럼... 고백하자면 현실과 괴리감만 커졌어. 그러면 부정적인 감정이 저절로 찾아오더라고."

"스스로 부자가 된 사람들은 두 가지를 명백하게 지켰어. 하나는 절약을 했고, 또 하나는 긍정적인 마음을 갖고 있었어. 부정적인 마음이 있으면, '내가 왜 이러고 살아야 해?', '이렇게 살아서 뭐 해. 그냥 쓰고 살자!' 이런 생각이 들게 되거든. 그럼 물을 받아야 할 욕조가 깨질 수도 있어."

"어쩌지? 나는 부정적인 마음이 더 큰 것 같은데..."

"마음을 긍정으로 가득 채웠을 때만 부자가 될 수 있거든. 없는 것보다는 가진 것에 집중해 봐. 바로 수입을 늘릴 수 없다면, 지금 할 수 있는 것, '절약'부터 시작해. 그러면 조금씩 희망이 보이고 긍정이 채워질 거야. 긍정적인 마음을 가지면, 주변에 긍정적인 사람들이 모여. 그리고 돈은 그것을 기막히게 알고 너를 찾아올 거야."

"이거야말로 부자가 되는 가장 확실한 방법인 것 같은데. 이미 부자가 된 거 같은 기분이야. 이제 천 원이 똑같은 천 원이 아닌 거 같아. 돈 안에는 나에게 자유를 선물해 줄 엄청난 잠재력이 숨어 있었어. 푼돈이 씨앗이구나."

"와, 하나를 알려주니 열을 아는 거야? 다음 미션은 종잣돈 3천만 원을 모으는 거야. 그 돈을 만든다면, 너는 이제 곱하기를 할 수 있는 자격이 생기는 거야. 인내심과 절제력, 우선순위에 집중하는 능력이 생긴 거니까. 그땐 더 멋진 곳에 데려갈게. 중간에 궁금한 거 있음 언제든 연락하고. 나야 말만 보태는 거지만 직접 겪은 경험에서 나온 거니까 다른 사람들하고는 조금 다를 거야."

돈이 있으면 다 써버리는 것을 '가난의 파동'이라고 부릅니다.
돈이 있어도 일부를 남기는 '풍요의 파동'으로 전환해 보세요.
파동을 바꾸는 데 성공한다면,
부자가 되기 위한 첫걸음을 제대로 뗀 거예요.
―러브나애나

돈을 모을 수 있는
골든 타이밍

만난 지 두 달 정도 지났을까? 동생에게 다시 연락이 왔어요.

"돈 모으는 건 잘 되고 있어?"

"다른 건 아니고... 나 다음 달에 결혼해. 내 롤 모델인 언니가 꼭 축하해 주면 좋겠어."

"정말 잘 되었다. 진심으로 축하해."

결혼 식후, 얼마 지나지 않아 동생과 통화를 했어요. 전화기 너머 작은 한숨 소리가 들렸습니다.

"이 사람만 옆에 있으면 무조건 행복할 줄 알았어. 막상 결혼하니 매끼 식사도 준비해야 하고. 신경 안 쓰던 빨래도 해야 하고 돈 관리까지 해야 하다니... 휴... 혼자서도 힘들었는데 둘이 되니 어디서부터 시작해야 할지 잘 모르겠어. 언니는 신혼 때 어떻게 재테크 했어?"

"맞아, 혼자일 때가 쉬워. 우리도 처음엔 둘이 모은 오천만 원으로 살림을 시작했어. 그 돈으로 오래된 빌라를 전세로 얻었지. 우리가 가진 돈으로는 30년 된 아파트도 얻기 힘들더라. 친구들은 구축이라도 다 아파트에 살고 있는데... 아기 키우면서 집 생각이 더 간절해졌어. '어떻게 하면 새 아파트에 살 수 있을까?' 그 질문을 계속 던졌어. 그게 우리 부부 재테크의 시작이었어."

"그래도 형부 월급이 많지 않았어?"

"우리 부부 월급은 합쳐서 400만 원 밖에 안되었어. 물론 양쪽 부모님께 물려받은 것도 없었고. 지금은 종잣돈이 60배로 불어나서 살 만하지만, 그때로 돌아가라고 하면 다시 못할 것 같아. 재테크는 결혼 생활보다 더 어려웠어. 혼자서 이것저것 실수도 엄청 많이 했어. 하다 보니 이래서는 안 되겠다 싶더라고. 그래서 결심을 하고 나만의 원칙을 세우고 재테크 방법도 개발했어. 그 재테크 방법이 '머니 템플릿'

이야. 소심하고 실수가 많은 사람이라도 그대로 따라 하면 돼. 나도 복잡한 거는 못 하는 성격이잖아. 딱 내 성격대로 만들었어. 그대로 따라 하면 돼. 너는 나보다 더 빨리 부자가 될 수 있을 거야. 신혼은 돈을 모을 수 있는 황금기야. 결혼과 재테크를 같이 시작하는 게 얼마나 큰 행운인데. 네 남편은 참 복도 많네. 재테크로 부자가 될 아내를 만났으니까."

"내가 잘 할 수 있을까? 아, 머리가 지끈지끈 아프네."

"머리 아플 땐 일단 달콤한 디저트를 먹고 기분을 좋게 만들어야지. 내일 오후에 시간 돼? 우리 동네에 엄청 맛있는 케이크 가게가 있거든. 아무나 안 데려가는 곳이야. 너니까 특별히 초대할게."

금융 고해성사 "자기, 마이너스 통장 있어?"

동생은 신혼여행에서 사 온 선물을 가져왔어요.

"자, 받아. 행운을 가져다주는 수정 구슬이래. 언니는 나한테 부자가 되는 방법을 알려준 귀인이잖아. 나도 행운을 선물해 주고 싶어. 근데 달콤하고 맛있는 냄새가 나는데?"

우린 냄새에 이끌려 케이크 진열대를 봤어요.

"와! 무슨 종류가 이렇게 많아. 나는 예쁜 케이크가 너무 좋아."
제나와 나는 함께 소리를 질렀어요.

"케이크 위에 있는 과일은 바로 먹으면 아까워."
동생은 케이크의 장식을 살짝 접시 끝으로 옮겼어요. 그리고 케이크를 한입 먹었습니다. 커피도 향을 천천히 느끼면서 한 모금 마셨어요.

"말도 안 돼. 내가 먹어본 커피 중 제일 맛있어. 이 케이크랑 같이 먹어서 그런가?"

"그치, 결혼 생활도 비슷해. 각자 따로 살 때보다 부부가 함께할 때 더 큰 시너지가 나거든. 더 큰 힘을 내려면 필요한 게 있어. 바로 상대방에 대한 신뢰야. 난 이런 사람도 봤어. 결혼한 지 10년 차 부부인데, 통장을 따로 쓰더라. 서로 사랑하지만, 돈은 따로 관리하는 거야. 부부가 생활비도 분담해. 남편이 아파트 관리비와 공과금을 내면, 아내는 아이 학원비와 보험료를 내. 어떻게 보면 쿨하지. 아메리칸 스타일이야. 이렇게 서로 얼마를 버는지, 월급도 제대로 모르는 부부도 많아. 넌 남편 월급이 얼마인 줄 알아?"

"아니, 대충은 아는 데 정확히는 몰라. 그러니까 월급과 보험료 그리고 빚이 얼마나 되는지 알아보라는 거야?"

"응. 나는 재정 상황에 대해 서로 오픈을 하는 게 평생을 함께할 배우자에 대한 배려라고 생각해. 부부가 돈 문제를 투명하게 알고 의논하면 행복은 더 가까워질 거야. 바로 '부부 고해성사 시간'이지. '자기 마이너스통장 있어?'라는 질문은 신혼 때 꼭 해야 해. 그때 서로 재정 상황을 고백하지 않고 대충 넘어가면 나중에 꼭 문제가 터지거든. 서로 솔직하게 공개하는 부부와 그렇지 않은 부부가 모으는 돈의 규모는 생각보다 그 차이가 꽤 커."

"서로 알려 달라고 하기가 부끄럽기도 하고, 내 돈으로 따로 관리하고 싶기도 한데..."

"우리는 같은 엑셀 시트로 재테크 관리를 해. 이름은 '로또 엑셀'이야. 로또 엑셀은 부자로 가는 지름길을 알려주는 내비게이션이야. 가족의 자산을 정확히 파악하는 방법이기도 해. 가난하고 힘들어도 부부끼리 거리낄 게 없잖아. 지금 가족이 한 달에 얼마를 벌어서 어떻게 쓰며 살고 있는지, 앞으로 얼마나 벌어서 어떻게 살고 싶은지 계산해 봐. 엑셀을 이용하면 아주 쉬워. 네 신혼 선물로 언니의 재테크 보물, '로또 엑셀'을 보내줄게."

"로또 엑셀? 이름이 멋진 대!"

"로또 엑셀에 재산을 정리하면 '순자산'을 정확하게 알 수 있어. 순자산은 총 가지고 있는 자산에서 빚을 뺀 자산이야. 자산이 10억이고 빚이 11억이라면 -1억의 순자산을 가지고 있는 거야. 그게 재산일까? 100억 부자가 되었다는 사람도 만나 봤는데 대출이 90억인 사람도 있었어. 그 이후부터 재테크에 관해 이야기할 때마다 총자산이 아니라 순자산을 재테크 기준으로 삼게 됐어. 그러니까 부부도 서로 가지고 있는 빚을 솔직하게 털어놓고 부부 순자산을 체크해야 해. 지금 재정 상황을 내가 보내준 엑셀 시트에 적어봐. 모든 재테크는 내가 지금 어디에 있는지 정확히 아는 것부터 시작해."

"그러게. 이상하게 남는 돈이 없더라고. 맞벌이 부부면 저축을 더 많이 할 줄 알았어. 결혼 전처럼 따로 돈 관리를 하니까, 결국 똑같아지는 것 같아. '1+1=2'가 안되는 이유가 있었구나. 부부가 돈 관리를 따로 하면 '1+1=-1'처럼 마이너스가 되는 거네. 슬쩍 보니 남편도 마이너스 통장이 있는 거 같던데..."

"그럴 수 있어. 빚이 있어도 괜찮아. 서로 믿고 신뢰하면 돼. 이제부터는 빚도, 수익도, 종잣돈도, 지출도 다 부부 공동 책임이야. 종잣돈을 모으기 위한 자금도 두 배가 되니 모으는 속도도 빨라질 거야."

"좋아. 남편이랑 솔직하게 말을 해야겠어. 근데 서로 툭 터놓고 말하고 나면, 그다음에 무슨 이야기를 해야 해?"

동생은 아껴뒀던 케이크 장식을 먹으며 물었어요.

"'부부 금융 고해성사'가 끝나면, 드디어 공동 운명체가 된 거야. 진짜 결혼식을 했다고 생각해. 다음엔 둘만의 목표를 세울 차례야. 같은 꿈을 꾸는 거지. 남편이 앞으로 뭘 하고 싶은지, 내가 어떤 꿈을 꾸는지, 서로 알면 꿈을 공유할 수 있고 도와줄 수도 있으니까. 하와이 여행을 가도 되고, 헬싱키에서 오로라를 봐도 좋아."

"하와이, 너무 좋다!"

"그래, 함께 꾸는 꿈! 그다음에 꿈을 이루는데 들어가는 돈을 대충이라도 계산해야 해. 아이도 낳고 미래를 계획하는 부부라면, 내 집 마련을 위해서 종잣돈을 빨리 모아보자고 할 수도 있어. 어느 동네에 살 건지, 아파트인지 혹은 빌라인지, 언제 매입할 건지... 이런 걸 같이 이야기하면 돼. 부부가 함께 목표를 잡는 것만으로 관계가 엄청 좋아질 거야. 목표는 너무 높게 잡지 말고 스마트 SMART 하게 잡아봐."

어느새 케이크가 담긴 접시가 깨끗하게 비워졌어요. 제나는 휴대폰으로 하와이 비행기 표를 검색하며 들뜬 목소리로 말했어요.

"그러니까, '우리 부부는 내년 11월에 휴가를 같이 맞춰 하와이로 여행을 간다. 여행을 위해 10월 20일까지 1200만 원을 모은다. 내일 당장 정기 적금 계좌를 개설하고, 매월 100만 원씩 그 통장에 돈을 모은다.' 이런 식으로 말이지?"

스마트(SMART) 목표 설정법

S(Specific) : 가능한 구체적으로 기록한다.
M(Measurable) : 측정 가능하게 수치화 한다.
A(Achievable) : 최대한 실현 가능한 목표를 설정한다.
R(Result-Oriented) : 과정보다는 결과지향적으로 표현한다.
T(Time-Bound) : 목표 달성 날짜, 즉 마감일을 정한다.

돈 관리는 한 사람에게,
"통장도 결혼합니다!"

"'부부 금융 고해성사'로 두 사람의 재정 상황을 확인했다면, 이제 돈 관리할 사람을 대표로 정하는 거야. 부부가 서로 재정 상황을 다 이야기했다 해도 돈을 따로 관리하면 무슨 소용이 있겠어. 원하는 금액을 모으려면, 돈이 다른 곳으로 새 나가지 않아야 해."

"그게 좀 어렵다는 거지."

"어려워도 부부가 합심해서 한뜻으로 절약하고 모아야 해. 그래야 부를 향해 한 걸음씩 내디딜 수 있거든. 먹는 것, 입는 것, 쓰는 것 다 줄여야 하는데, 부부 중 한 명만 그런 마음을 가지고 있다고 생각해 봐. 나머지 한쪽은 불만이 쌓일 수밖에 없어. 부부 재테크에서 가장 중요한 것은 배우자와 뜻을 맞추는 거야. 사실 재테크 할 때 배우자를 설득하는 게 제일 어려운 일이야."

"아! 맞다, 맞아! 우리 엄마도 맨날 그 이야기해. '너희 아빠가 그 집 사려고 할 때 반대만 안 했어도, 내가 지금 건물주라고.' 하하. 아는 언니는 통장 관리하는 게 번거롭고 귀찮다고 서로 미루다가, 결혼한 지 15년이 지나버렸다고 하더라고. 그래서 통장 관리도 따로 하고, 남편 월급이 얼마인지도 모른 대. 서로 지출만 나눠서 내나봐. 그 언니 부부는 둘 다 꽤 많은 월급을 받고 있거든. 근데 모은 돈이 얼마 없대. 그 말이 이제 이해가 되네."

제나는 고개를 끄덕이며 대답했어요.

"거봐. 찾아보면 주변에도 그런 경우가 많이 있지? 그러니까 남편이랑 잘 이야기해 봐."

"근데 남자들은 그런 이야기 싫어하지 않나? 경제 주도권을 뺏긴 다고 생각 할 것도 같고. 결혼 전에는 자기가 벌어 알아서 썼는데, 이제 용돈 받고 살아야 하잖아. 막상 얘기하려니 산 넘어 산이네"

"결혼도 전략이야. 책임감 강하고 꼼꼼한 사람이 돈 관리를 맡으면 돼. 물론 이것도 충분히 대화해서 결정해야 해. 신혼이니, 이런 불편한 이야기는 피하고 싶을 거야. 그래도 해야 해. 공평하게 한다고 부부가 번갈아 돈 관리를 하면 안 돼. 둘 중 조금이라도 더 경제관념이 있는 사람이 좋겠지? 결혼한 사람인데 믿어야지. 부부간의 믿음은 내가 상대방을 어떻게 바라보느냐에 따라 달려있어. 위대한 사랑의 힘은 재테크에도 어김없이 발휘되니 걱정 마."

"알았어. 오늘 집에서 남편이랑 잘 이야기할게. 통장 관리자도 잘 뽑고! 이제 '1+1=-1'가 아니라 '1+1=2'가 될 거 같아 너무 기뻐. 마이너스 부부에서 플러스 부부가 될 거야. 이제 나도 부의 추월차선을 타는 건가? 하하."

"결혼식만 올린다고 다 부부인가? 통장까지 하나로 합쳐야지. 돈까지 통하면 더 끈끈한 부부가 되는 거야. 조금 어렵고 복잡하게 느껴질 수도 있지만, 이 과정을 통해서 성공하는 부부 재테크의 발판을 마련하게 될 거야."

진지한 표정으로 메모를 마친 동생은 아껴 두었던 과일 장식을 입에 넣었어요. 달콤한 케이크와 커피가 정말 환상적이라고 말하며, 사진을 찍어 인스타그램에 올렸어요. 우리의 대화를 귀 기울여 듣던 주인이 리뷰를 올리면 선물이 있다고 '풍요의 컵'을 건네줬어요. 컵에는 순금 24K로 '평생 쓰고도 남을 돈과 풍요를 가져다줄 컵'이라는 문구가 적혀 있었어요.

"정말 이 컵에 물을 담아 마시면 부자가 될 것 같은데? 오늘은 정말 행운이 가득한 날이야. 언니한테 재테크 노하우도 듣고, 이 풍요의 컵도 선물 받고 말이야."

어느새 제나는 부자가 된다는 기대감에 한껏 부풀어 올랐어요.

가족 재무 목표

배우자에 대한 신뢰를 바탕으로 가족 재무 목표를 적어보세요.

목표를 적는 것이 목표를 이루기 위한 가장 강력한 힘입니다.

공동 목표에 노력과 지혜를 더하면 1년 후에 3천만 원, 그리고 3년 후엔 내 명의로 된 아파트가 생겨 있을 거예요.

'1+1=2'를 넘어서 목표 금액의 몇 십 배를 초과 달성하게 될 거라 확신합니다.

저도 그랬거든요.

받은 메일 함 :
자유로 가는 로또 엑셀

TO. 조만간 부자가 될 제나에게.

제나야, 남편이랑 이야기는 잘했어? 현명하게 의논해서 목표를 세웠을 거로 생각해. 나도 막 결혼했을 때 맞벌이 월급이 400만 원밖에 안 되었다고 했잖아. 신혼은 한창 좋을 때지. 근데 잠들기 전에는 항상 불안했어. '애는 어떻게 키우지?', '둘이 이렇게 벌어서 은퇴하면 먹고살 수는 있을까?'

답이 없으니 항상 결론은 비슷했어.

그냥 로또나 당첨되면 좋겠다. 5억만 돼도 어디야. '로또 1등만 당첨되면 바로 회사 그만두고 한 달 동안 유럽 여행 가야지.'라고 생각했어. 물론 생각만 했지. 로또를 내 돈 주고 산적은 없거든. 몇 퍼센트 안 되는 낮은 확률보다는 100% 이길 수 있는 종잣돈을 선택했지. 내 습관이나 성격을 보면 누구보다 빨리 종잣돈을 모을 수 있다고 확신했어. 그리고 로또 살 돈 5천 원도 아껴야지. 종잣돈 모으는 데 보탤 수 있으니까.

그리고 불안이 올라올 때마다 조용히 일어나 컴퓨터를 켜고 엑셀을 열었어. 내가 살고 싶은 아파트의 가격을 엑셀에 적었어. 앞으로 어느 시점에 아파트를 살 수 있는 지도 적었지. 목표 항목 옆에는 언제나 목표를 달성할 시간도 함께 기록했어.

엑셀은 불안감을 치유하는 좋은 툴이야. 그건 원하는 꿈을 기록하는 노트니까. 내용은 로또 당첨이 되면 하고 싶은 일과 비슷해. 대신 엑셀은 상상이 아니라 실제적인 계획이야. 현실에서 로또의 꿈을 이루려면 꼭 숫자가 있어야 해. 사고 싶은 물건의 금액 옆에 계획과 시간을 꼭 같이 써봐. 그게 핵심 포인트야.

왜 지난번에 가계부 쓰는 법 물어봤지? 처음에는 엄청 꼼꼼히 썼는데 나중에 그렇게 안 된다고 속상해했잖아. 언니도 그랬어. 지속하기도 힘들고 가계부 자체가 스트레스더라고. 가계부를 쓴다는 건 얻은 가치가 아니라 돈을 쓴 것에 집중하는 행위잖아. 결국 큰 도움도 안 되었어.

네가 돈을 쓰는 걸 통제하려면, 지출 계획만 적으면 돼. 매달 쓰는 지출은 대부분 정해져 있으니까 엑셀에 고정 지출 내역을 적어 봐. 식비같이 변동성 있는 건, '한 달에 30만 원' 이런 식으로 정해놔. 나는 그렇게 정한 금액 안에서만 사용하려고 노력했어. 지역화폐는 보통 30만 원까지 충전하면 10% 금액을 보너스로 더 줘. 그럼 30만 원은 식비로 사용하고 3만 원은 네가 좋아하는 커피나 케이크를 맘 편히 사 먹을 수 있어. 완전

꿀팁이지? 그리고 한 달에 얼마를 모을지 결정해서 적금 통장으로 자동 이체를 걸어놔. 카드사나 보험회사에서 돈을 빼가기 전에 해야 해. 명심해! 너에게는 네 돈을 어떻게 쓸지 정할 수 있는 선택권이 있어. 루틴이 중요한 거 알지? 재테크도 체계적으로 세팅만 하면 돼.

종잣돈을 모으다 보면 삶이 빈곤하다고 느껴질 수도 있어. 돈을 마음대로 쓸 수 없는 게 얼마나 슬픈 일이니. 마음도 한없이 위축될 거야. 언니도 누가 물어보면 '성격이 무뎌서 괜찮아요'라고 대답했지만, 사실 한없이 서러웠어. 그래도 꿋꿋이 친구들 만나고, 할 수 있는 건 다 하려고 노력했어. 나니까 그렇게 살 수 있었을까? 사실 이 로또 엑셀의 힘이 굉장히 컸어.

종잣돈을 모으는 2년 동안, 자존감이 무너질 때마다 로또 엑셀을 열어봐. 로또는 당첨 확률이 아주 낮지만, 엑셀에 목표를 적고 적금 계좌에 자동 이체가 되도록 시스템을 만들면 돼. 그 시스템은 100% 당첨되는 로또야. 로또에 당첨되면 하고 싶은 일을 상상하는 것처럼, 네가 원하는 목표 금액이 생겼을 때 하고 싶은 일을 마구 적어 봐. 지금 종잣돈을 모으는 과정이 사실 원하는 걸 이뤄주는 과정이거든. 과정 자체를 결과로 보면 너는 이미 부자야. 마음에 꿈을 품고 이렇게 행동하고 있잖아.

언제까지 그래야 하냐고? 걱정하지 마. 그 결과는 신기할 정도야. 저축 후 6개월, 12개월... 이렇게 시간이 지나면 '언제 돈이 이렇게 모였지?' 하고 놀랄 거야. 네 통장에는 이미 뿌듯함이 들어있거든. 네가 앞으로 누릴 자유가 가까워진 걸 확인할 수 있어. 그 기쁨은 명품 백 사는 거랑은 비교도 안 돼. 네가 너를 스스로 존중하는 자존감도 생겨. 가끔 바보 같지만 혼자 웃는 일도 생기고, 로또 엑셀을 보면 부자가 된 거 같아서 그냥

흐뭇하거든. 그러니 엑셀에 2년 후 목표를 적어놔. 그게 네 삶의 기준이
야. 그러면 너다운 삶을 꾸려가는 힘을 얻게 될 거야. 2년 후면 너는 이제
더 이상 월급쟁이가 아니야. 투자자로 멋지게 변신하는 거지.

참! 로또 엑셀에 적은 목표를 달성할 때마다, 스스로에게 반드시 보상해
야 해. 돈을 모을 때는 10원까지 아꼈지만, 목표에 보상할 때는 확실하게!
나는 목표를 달성할 때마다 여행을 갔어. 좋은 호텔에도 가고 비싼 요리
도 먹었어. 나에게 투자할 때는 과감하게! 미리 부자의 풍족한 기분을 느
껴보는 거야. 그게 나에게는 큰 선물이었어. 목표 달성 후하는 자기 보상
은 사소하지만, 종잣돈을 지속적으로 모을 수 있게 해주는 아주 중요한
방법이야.

From. 애나언니가

당신이 부자가 되겠다고 결심하고
푼돈을 모으는 순간,
당신은 이미 부자입니다.

―러브나애나

🕹 자유로 가는 로또 엑셀. EXE

한 달에 수입과 지출이 얼마인지, 얼마를 저축하는지 알고 있나요?
바로 대답할 수 없다면, 엑셀에 기록하세요. 가정도 기업처럼 간단하
게 손익 계산서, 대차대조표를 작성할 수 있어요. 모든 재테크는 현금
흐름과 순자산을 파악하는 것부터 시작합니다. 측정할 수 없는 것은
관리할 수 없어요.

당신이 부자가 되기 위해 모든 계획을 세울 때는 '로또 엑셀'을 활용
하세요.
얼마의 금액을, 언제까지 모을 건지 목표도 같이 적어보세요.

예) "2년 안에 3천만 원"

★★★★★★★50억 달성	2032.03.01
★★★★★★15억 달성	2030.01.01
★★★★★10억달성	2028.12.24
★★★3억 달성	2025.12.24
★★1억 달성!	2024.12.24
★3천만원 달성!	2023.12.24

부자가 되기 위해
지금 당장 해야 할 것

하루가 멀다고 동생에게 전화가 왔어요.

"바쁠 텐데 맨날 물어봐서 미안해. 언니는 처음부터 책 읽고 혼자서 공부한 거야?"

"설마, 당연히 아니지. 내 주변에는 자수성가한 부자는 없었어. 처음엔 그런 사람들의 책을 찾아 읽기 시작했어. 생각보다 많은 사람이 자기 힘으로 부를 쌓은 걸 알게 되었어. 무엇보다 생각하는 힘이 중요하더라고. 자수성가한 부자들을 직접 만나 배우고 싶어서 강의도 들으러 다녔지. 책에서 얻는 정보만으로는 한계가 있으니까."

"그런 사람들은 어디서 만나? 재테크는 사기꾼도 많지 않아?"

"그래서 직접 만났지. 디테일 한 것까지 이야기하다 보면, 누가 진짜 투자자인지 알게 돼. 처음 부동산 투자하겠다고 마음먹고 '텐인텐'이라는 재테크 카페에 가입했어. 카페 회원들은 10억을 만들어, 경제적 자유를 꿈꾸는 이들이야. 서로 투자 정보를 주고받는 곳이지. 첫째아이에게 모유 수유하면서도 오프라인 강의가 있으면 무작정 달려 나갔어. 책에 없는 진짜 투자자들의 이야기가 너무 궁금했거든. 강의 후 뒤풀이가 정말 찐이었어. 투자자들의 생생한 스토리를 직접 들을 수 있으니까."

"원래 오프더레코드가 진짜 속에 있는 말을 듣는 시간이지. 오케이! 강의 들으면 꼭 뒤풀이에 참석해 볼게!"

"무턱대고 가지 말고 재테크 관련 책 10권은 읽고 가. 강의도 아는 만큼 들려. 알아야 질문도 할 수 있거든. 그때 내가 한 질문은 이랬어. '부동산 계약하고 잔금 치를 때까지, 전세 세입자를 못 구하면 어떻게 해요?' 투자도 하기 전이었는데, 내가 좀 앞서갔지. 그래도 선배들이 친절하게 앞다퉈 얘기해 줬어. 짧은 기간이라도 부동산 담보 대출을 받을 수 있더라고. 한두 달 만에 대출을 상환해도 중도 상환수수료가 없는 상품도 있었어. 금리는 1~2% 높았지만 말이야. 혼자서 고민했던 게 한 방에 해결되더라. 직접 경험한 사람들이 해주는 이야기는 확실히 달랐어. '아! 정말 이게 가능한 거구나.' 모든 문제에는 방법이 있더라고. 그제야 나도 부자가 될 수 있겠다는 확신이 들었어."

"아이도 어렸는데 언니도 대단하다. 정말! 그렇게 간절했던 거야?"

"응, 새 아파트에 살고 싶었어. 무엇보다 아이가 자라는 모습을 되도록 많이 지켜보며 아이를 키우고 싶었어. 당시는 맞벌이할 때라 저녁 7시나 돼야 아이를 어린이집에서 데려왔으니까. 어린이집에 도착해서 아이를 부르고 기다리는 그 짧은 순간, 신발장에 우리 아이 신발만 덩그러니 남아있더라. 마음이 아팠어. 그러니 무조건 강의장에 가야만 했지. 뒤풀이를 통해 친해진 사람들과 투자 지역 공유도 하면서 연락을 주고받았어. 그전에는 만나는 사람들이 항상 비슷했어. 아이 친구 엄마들이었지. 재테크 공부를 시작하면서 만나는 사람이 투자자로 바뀌기 시작했어."

"역시 인생을 바꾸려면 만나는 사람을 바꾸라는 게 진리구나. 나는 지금도 공부할 시간이 부족한데 언니는 애도 어리고 회사도 다니면서 공부할 시간이 있었어?"

"처음에는 공부하려고 마음먹어도 쉽지 않았어. 시간에 쫓기어 살다 보니 결심할 때뿐이었지. 지금 생각해 보면 시간이 없었던 게 아니라 시간을 내지 않았던 거야. 그만큼 절실하지 않았던 거지. 부자가되고 싶다는 내 마음을 솔직하게 인정한 후, 변화하기 시작했어. 그전까지 항상 걱정만 했었어. '언제까지 이렇게 살아야 하나?' 밤마다 쉽게 잠들 수가 없더라고. 출퇴근하는 버스는 도서관이자 스터디 카페가 되어주었어. 버스에 자리가 없을 때도 서서 부동산 책을 읽고, 재테크 카페 칼럼들을 읽었어. 푼돈을 모으고, 책을 읽고 강의도 듣고... 할게 많지? 그래도 네가 부자가 되기 위해 당장 할 수 있는 방법들을 적어봐."

제나는 부자 되는 방법을 적은 메모지를 사진으로 찍어 보냈어요.

☆ 지금 당장 할 수 있는 부자 되는 방법

1. 재테크 관련 책 10권 읽고 기록하기
2. 배우고 싶은 사람들로 주변을 채우기
3. 공부할 수 있는 시간 만들기
4. 지금 내가 할 수 있는 일에 최선을 다하기

부자가 되기위해 여러분이 지금 할 수 있는 방법 3가지를 적어보세요.

Ex) '도서관에서 부동산 책 빌려오기'
   '인터넷에서 책 주문하기'
   '설거지 하며 부동산 유튜브 듣기'
   '재테크 카페 가입하기'

3장

투자로 부자의 길에 들어서다. 곱하기

부자 되는 보드게임,
캐시 플로우

봄, 여름, 가을, 겨울이 지나고 다시 벚꽃이 활짝 피었어요. 핸드폰에 제나의 이름이 떠서 받았더니, 무척이나 흥분한 동생의 목소리가 들렸어요.

"언니!! 드디어 목표 달성했어! 처음에 언제 모으나 했는데 말이야. 정말 언니가 말한 대로 자동이체를 했더니, 어느새 3천만 원을 달성했어."

"정말??? 축하해, 너 대단하다. 하려고 맘먹으면 해 내는구나."

"사실, 중간에 몇 번 위기가 오기는 했어. 갑자기 남편 차가 고장이 나서 차를 바꾸겠다고 해서 말이야. 굳이 2대를 탈 필요가 없을 것 같아서 내 차 타라고 줬어. 회사 갈 때 지하철 타고 가니까 오히려 좋던데. 언니가 추천해 준 책도 읽고 유튜브로 재테크 공부도 하고, 길도 안 막히고 말이야."

"오오! 축하해. 역시 너는 해낼 줄 알았어. 너도, 네 남편도 정말 대단하다. 이제, 드디어 본격적인 투자를 시작할 때가 됐구나. 다음 주 토요일에 시간 되니? 3시에 종로 타워에서 만나자. 재밌는 곳에 데리고 갈게."

"어디?"

"응. 보드게임 카페인데, 캐시 플로우 보드게임을 하는 곳이야."

"어머! 정말? 부자아빠 가난한 아빠 책에 나온 그 게임이지? 한번 하고 싶었는데. 우리나라에서 캐시 플로우 게임을 직접 할 수 있는 곳이 있단 말이야?" 제나는 잔뜩 신이 난 목소리로 말했어요.

"그럼, 찾으면 다 있지. 네가 그동안 안 쓰고, 안 입고, 안 먹고 모은 돈을 자산에 투자한다는 게 두려울 수 있어. 그래서 게임으로 먼저 해

보는 거야." 내가 이어서 말했어요.

"로버트 기요사키가 말했잖아. 우리를 부자로 만들어 주는 건 금도, 은도, 부동산도 아니고 금융 지능이라고. '현금을 부동산, 주식같이 실물 자산으로 바꿔놔야지'라고 알기만 한다고 금융 지능이 키워질까? 많은 변수가 있는 투자 상황에 유연하게 대처하려면 어떻게 해야 할까? 금융 지능은 단순히 아는 게 아니라 직접 체험해 봐야만 키울 수 있어."

카페에 도착하니 벌써 한 곳에는 30명 정도의 사람이 모여 있었어요. 4명씩 조를 나눠서 게임을 진행했어요. 이 캐시 플로우 보드게임은 우리가 사는 자본주의 사회의 축소판이죠. 캐시 플로우 게임은 방탈출 게임과 비슷해요. 쳇바퀴를 도는 쥐 트랙을 탈출하려면, 월급이 아닌 월 자산 소득이 한 달 지출액보다 많아야 합니다. 게임에서는 한 달 동안 일을 해서 월급을 받습니다. 이벤트 카드를 통해 자산 시장이 폭등하거나, 폭락합니다. 심지어 아이가 생기기도 하는 리얼한 인생 게임이에요.

동생은 관리인 직업 카드를 뽑았어요. 어쩌면 세후 월 200만 원이 채 되지 않았던 저와 비슷한 상황이었죠. 그런데 반전이 있었어요. 제나가 수입이 높은 직업인 의사와 변호사를 제치고 쳇바퀴 도는 쥐 트랙을 1등으로 탈출한 거예요. 가진 것도, 월급도 적은 관리인인 제나가 어떻게 1등으로 쥐 트랙을 탈출했을까요?

사실 저는 동생이 1등 할 줄 알고 있었어요. 금융 지능은 종잣돈을 모으는 과정에서 반 정도 키울 수 있어요. 돈이 얼마나 중요한지, 그 귀중한 돈을 어떻게 써야 하는지, 이자율을 따지다 보면 수익성에 대한 이해도 높아지거든요. 돈을 얼마 버는지는 관계가 없어요. 지출을 통제하고 레버리지(대출)를 이용해, 안정적인 수익이 있는 곳에 돈을 투자하는지가 관건이에요.

부루마블 게임을 좋아했던 사람이라면 알 거예요. 도시에 건물을 많이 지으면, 당장은 돈이 없어도 시간이 지날수록 돈이 늘어납니다. 실제 삶도 똑같아요. 레버리지를 이용해 이자보다 더 많은 이익을 가져다주는 부동산과 주식에 투자하는 거지요. 자산을 늘리고 그 자산을 매각하거나 활용하여 자산 소득을 늘리는 것입니다.

대출을 받는 건 마냥 좋은 일만은 아니죠. 언젠가는 갚아야 하고 이자도 내야 하죠. 있는 돈으로 투자하면, 자산 가격이 내려가도 감당할 수 있습니다. 하지만 돈을 빌려 투자했다가 잘못되면 큰일이 날 것 같습니다. 그래서 사람들은 대출을 이용해 투자하는 것을 두려워합니다. 그런데 종잣돈으로 계속 이자만 받는다면 영영 쥐 트랙을 탈출

직업		의사	변호사	공학자	교사	간호사	경찰관	비서	정비공	관리인
	내역									
수입	직장월급	13,200	7,500	4,900	3,300	3,100	3,000	2,500	2,000	1,600
	세금	3,200	1,800	1,000	500	600	600	500	400	300
	주택대출 이자	1,900	1,100	700	500	400	400	400	300	200
지출	학자금 대출이자	700	300	100	100	100	–	–	–	
	자동차 할부이자	300	200	200	100	100	100	100	100	100
	신용카드 할부이자	200	200	200	200	200	100	100	100	100
	기타소비	2,000	1,500	1,000	700	600	700	600	400	300
	은행 대출이자									
	자녀 양육비	700	400	200	200	200	200	100	100	100
자산	저축액	3,500	2,000	400	400	500	500	700	700	600
	저축률	**27%**	**27%**	**8%**	**12%**	**16%**	**17%**	**28%**	**35%**	**38%**
부채	주택대출	202,000	115,000	75,000	50,000	47,000	46,000	38,000	31,000	20,000
	학자금 대출	150,000	78,000	12,000	12,000	6,000	–	–	–	–
	자동차 할부	19,000	11,000	7,000	5,000	5,000	5,000	4,000	3,000	4,000
	신용 카드할부	10,000	7,000	5,000	4,000	4,000	3,000	3,000	3,000	3,000
	은행 대출금									

캐시플로우 직업카드

하지 못해요. 캐시 플로우 게임은 투자에 대한 현실 상황을 있는 그대로 반영하고 있습니다.

이 게임을 하다 보면, 어떤 것을 사면 내 현금 흐름에 플러스가 되는지 구별할 줄 아는 지혜가 생깁니다. 소득을 늘려주는 자산과 지출을 늘리는 부채가 무엇인지, 그것만 알아도 자본주의 게임 설명서를 제대로 이해한 거예요. 물론 이 책을 읽고 있는 여러분의 금융 지능도 쑥쑥 커가는 중입니다.

관리인이라 월급이 적었던 제나는 월 지출액 역시 상대적으로 적었어요. 반대로 사람들이 쉽게 지나치는 저축률은 제나가 가장 높았어요. 월급 외 자산소득이 총지출액을 넘게 된 제나는 삶이 완전히 달라졌어요. 다른 사람들이 한 달 내내 일을 할 때, 동생은 세계여행을 다니고 자선 활동을 했어요.

"와, 내가 일등으로 쥐 트랙을 탈출했어! 부자가 되는 게 이런 느낌이구나. 시간과 돈을 마음대로 쓸 수 있는 자유를 얻은 부자들은 이렇게 살 수 있네. 설레는데? 먹고사는 게 아니라 진짜 의미 있는 삶 말이야. 누군가 이렇게 의미 있는 진짜 삶을 사는 동안 나는 다람쥐 쳇바퀴 도는 삶에서 참 애쓰고 살았네. 이렇게 간절하게 경제적 자유를 얻고 싶은 건 처음이야. 빨리 퇴사하고 싶다. 진짜!"

"우리가 지금 살고 있는 자본주의 사회도 게임과 똑같아. 어떻게 하면 월급 말고 수동 소득(노동을 하지 않아도 벌어들이는 소득)을 늘릴 수 있을지, 한번 생각해 봐."

"음, 부동산 월세 받는 거? 그다음엔 잘 생각이 안 나네." 제나는 고개를 갸우뚱하며 말했어요.

"지금 당장 부동산을 살 돈이 없어도 시스템 소득을 만들 수 있어. 예를 들어 네트워크 마케팅도 있고, 구글과 유튜브, 네이버 블로그에 재미있는 글이나 영상을 올려 광고 수익도 받을 수도 있고. 그 밖에도 책이나 음원을 제작해서 인세를 받을 수도 있어."

"내 친구도 블로그 해서 애드센스로 돈을 받았다고 자랑하던데."

"오, 잘됐네. 너도 친구처럼 할 수 있어. 블로그에 한 줄 쓰기부터 시작해 봐. 방금 게임에서 해봤듯이 월급 말고 수동 소득을 늘려가는 거야. 일을 안 해도 네가 얻은 소득이 한 달 총지출액을 넘어가면 그때부터 넌 자유야. 너 정도의 열망과 절제력이면 충분히 할 수 있어. 네가 원할 때 자유롭게 일할 수 있다면 기분이 어떨 것 같아?"

"아 정말 상상만 해도 가슴이 두근두근해. 수동 소득을 빨리 늘려

회사 그만둘 거야. 이제 보기 싫은 과장님은 그만 만나야지. 이제 더 이상 돈에 끌려다니지 않고 내가 돈을 끌고 갈 거야. 언니! 그때 나랑 지중해 크루즈 여행 갈래?"

"언제나 환영이야. 말만 해. 내가 제대로 된 여행이 뭔지 보여 줄 게."

🔵 로또엑셀로 만드는 자유

	내역	현금흐름
수입	제나 월급	2,500,000
	남편 월급	2,800,000
지출	세금	150,000
	주택대출이자	600,000
	보험	200,000
	자동차 할부	400,000
	신용카드 할부	300,000
	관리비	150,000
	자기계발비	200,000
	자녀교육비	
	기타소비	
자산	저축액	2,500,000
부채	주택대출	100,000,000
	학자금대출	5,000,000
	자동차할부	8,000,000
	신용카드할부	1,200,000
	은행대출금	

5,600,000 : 총수입
5,300,000 : 월급
+
300,000 : 자산소득
47% : 저축율
2,000,000 : 총지출
15% : 자유척도

만약 자산소득이
총지출보다
크다면 당신은
자유입니다.

자유통장 로또엑셀

	종목	수량	주당가격	평가액
1	애플			
2	차이나전기차			
3	s&p500			
4				
5				
6				
7				

주식

	내역	현금흐름	시세 평가액
1	○○아파트	300,000	
2	○○지식산업센터		
3	○○상가		
4	온라인빌딩		
5	스마트스토어		
6	네트워크마케팅		
7	책 인세		
8	네이버 애드포스트		
9	구글 애드센스		

부동산/사업체 등

노동 소득인 월급이 아닌 수동 소득이 한 달 총 지출액을 넘어갈 때부터 당신은 자유입니다. 월급 외 수동 소득이 있나요? 단돈 100원이라도 수동 소득이 있다면 적어주세요. 그리고 스스로를 칭찬해 주세요. 수동 소득이 없다면 어떤 부분에서 소득을 만들고 싶은지 적어보세요. 쓰면 이루어지는 기적은 어김없이 나타납니다.

수동 소득 / 총 지출 = 자유 척도

30만 원 / 300만 원 = 자유 10% 달성

150만 원 / 300만 원 = 자유 50% 달성

300만 원 / 300만 원 = 자유 100% 달성

= 당신은 자유입니다.

전세는 과연
원금 그대로일까?

게임을 한 지 며칠이 지나지 않아, 동생에게 또 연락이 왔어요. 그런데 이번에는 잔뜩 풀이 죽어 있는 목소리였어요.

"언니, 벌써 전세 만기가 다 되어가. 근데 집주인이 보증금을 3천만 원 더 올려 달라네. 내가 3천만 원 모은 줄은 어떻게 알았을까? 꼭 돈이 생기면 돈 쓸 일이 생기더라. 이사하려고 다른 집 전세도 알아봤는데 죄다 올랐어. 집이 이렇게 많은데, 우리가 살 수 있는 집은 여기밖에 없나 봐. 괜히 남편이랑 싸우기만 했어. 그래서 고민이야. 언니, 3천만 원 올려주고 재계약을 해야 할까? 아니면 지금이라도 집을 사는게 나을까? 나중에 집값이 어떻게 될지도 모르잖아."

"속상하겠다. 나도 비슷한 경험이 있어. 결혼할 때 5천만 원을 가지고 아파트 전세를 알아봤어. 그 돈으로는 30년 된 아파트에도 들어가기 힘들었지. 우리도 집 알아보며 답답해서 괜히 싸우고 그랬어. 결국 빌라에 전세로 신혼살림을 마련했어. 비교적 깨끗한 편이어서 시작하기에는 괜찮은 것 같았어. 그때 전세금은 7천만 원이었어. 우리 돈 5천만 원, 전세자금 대출로 2천만 원을 받았어."

"언니도 그랬구나"

"응. 처음에는 다들 그렇지. 근데 2년 후에 집주인이 전세금을 5천만 원이나 더 올려 달라는 거야. 그래서 전세 알아보면서 찾았던 아파트 전세금을 다시 물어봤어. 그동안 우리 부부도 돈을 모았으니, 아파트에 전세로 가고 싶었어. 그 아파트는 2년 전 전세 가격이 1억 5천 정도였어. 다시 알아봤더니, 글쎄! 전셋값이 엄청나게 올라있더라. 평소 살고 싶던 평촌 학원가 아파트는 전세 보증금이 4억이나 되더라고. 그 아파트에 사는 친구가 있었는데, 그 친구가 얼마나 부러웠는지. 아이가 생겨서 놀이터 있는 아파트로 이사를 하고 싶었는데... 가진 돈으로 이사 갈 수 있는 아파트가 한 곳도 없는 거야."

"아! 나보다 더했네. 정말 힘들었겠다. 그래서 어떻게 되었어?"
동생은 위로하며 말했어요.

"어쩔 수 없이 5천만 원을 올려주고 그 빌라에 계속 살게 되었지, 뭐. 그런데 정말 열받는 일은 그다음이야. 계약한 후 나중에 부동산에서 들었는데, 그 빌라 매매가가 1억 3천만 원이라는 거야. 우리 전셋값은 1억 2천만 원인데... 매매가와 천만 원밖에 차이가 없는 거야."

"진짜? 집주인 돈은 천만 원밖에 안 들어갔네?"

매매가: 1억 3천만 원
전세가: 1억 2천만 원
집주인: 1천만 원

"그렇지. 만약 2년 후에 매매가가 상승하면, 그 이익은 누가 갖게 될까?"

"집주인이지! 와, 이거 완전! 진짜 너무하네. 세입자 돈이 더 많이 들어있잖아. 나도 막 억울해지는걸."

매매가: 1억 6천만 원
전세가: 1억 2천만 원
집주인: 4천만 원
*집주인이 2년 동안 얻은 수익: 3천만 원

"억울하지. 근데 자본주의사회에서는 당연한 거야. 나는 그 집을 사용한 사람이니까. 사용 가치에 대한 대가로 그 돈을 집주인에게 맡겨 둔 거지. 집주인은 시세차익을 얻기 위해서지만, 집값이 떨어질 때도 책임을 떠안았어. 그리고 세금까지 내면서 그 집을 나한테 빌려준 거야. 시세차익은 집주인의 몫인 게 당연해. 집주인은 내가 사는 집의 공급자야. 나는 소비자고. 세상은 그렇게 먼저 주는 사람에게 더 큰 걸 돌려주더라고. 억울하면 소비자에게 집을 공급하는 집주인이 되면 돼."

"억울해서 집 산다는 말이 이럴 때 쓰는 말이구나"

"자본주의 사회에서는 인플레이션이 필수로 동반한다고 한 거 기억나? 어떤 상품이든 시간이 흐르면 가격은 오르게 되어있어. 전세도 비슷해. 이사 갈 때 집주인에게 준 전세 보증금은 이사 나올 때도 원금 그대로 돌려받는 걸까?"

"응, 돈이 돈을 계속 찍어내야지만 돌아가는 사회. 시간이 갈수록 통화량이 늘어나잖아. 모든 상품과 자산은 시간이 흐를수록 가격이 오를 수밖에 없어. 전세금을 그대로 돌려받으니 안전하다고 생각했는데, 아니었구나. 게다가 전세로 산다는 건 집주인이 레버리지를 사용할 수 있게 돈을 무이자로 빌려준 거지? 자본주의 게임에서 이기려면 레버리지를 사용해야 하는데, 내 돈이 집주인에게 레버리지를 당한 거네. 결국 전세를 얻어 사는 게 손해였어!"

"괜찮아. 지금 나랑 이야기한 것만 이해해도 대단한 일이야. 계획은 앞으로 짜면 되는 거니까. 옛날 일은 신경 쓰지 마. 게다가 요즘처럼 집값이 하락할 때 시간은 네 편이야. 전세로 살다가 집값이 더 떨어지면 살고 싶은 집을 살 수도 있고. 근데 너 꽤 멋진 데? 캐시 플로우 보드게임에서 1등을 그냥 한 게 아니었네. 이해가 확실히 빨라!"

"칭찬 고마워. 언니가 칭찬해 주면 언제나 힘이 나. 나랑 비슷한 상황을 겪어본 사람이라 그런가?"

"맞아. 이것만 기억해. 인플레이션 때문에 2년 후에 네가 돌려받는 보증금은 가치가 하락해 있다는 것. 반면 지금처럼 금리가 오르는 시기에는 얘기가 달라. 살고 싶은 아파트 가격이 원하는 만큼 떨어진다면 전세 만기에 맞춰 그 집을 살 수도 있지. 너는 무주택자니까 내 생애 최초 대출로 집 가격의 80%까지 돈을 빌릴 수도 있잖아. 그것도 2% 대의 낮은 금리로 말이야. 2년 후 전세 가격은 지금과 달라진다는 것만 알고 결정하면 돼. 전세로 계속 살지, 아니면 이제라도 집을 살지 말이야."

"아, 2년 뒤를 생각해야 하는구나."

"언니는 4년이나 전세를 살다가 전세금을 돌려받았어. 괜히 손해 본 기분이 들었어. 당시는 재테크를 몰랐는데도, 느낌이 이상했어. 사실 정확한 기분이었지. '아, 그때 집을 샀어야 했는데…'라는 생각이 들었어. 지금의 네가 과거의 나야. 순간의 선택에 따라 어디에 살지, 당장 오늘 저녁 반찬으로 무엇을 먹을지까지 달라지더라. 아, 근데 오늘 저녁은 뭐 먹지?"

"어? 벌써 시간이 이렇게 되었네. 우리 집은 두부김치와 어묵탕이야. 화해도 할 겸 남편이랑 가볍게 술 한잔해야지."

"앗, 두부김치 맛있겠다. 언니도 두부 사러 가야 하니 나중에 또 통화하자."

자본주의 히든 카드,
레버리지

동생이 종잣돈을 모으고 투자 이야기를 하면서, 우리 사이가 부쩍 더 가까워졌어요. 가족보다 더 통화를 많이 하게 된 것 같았습니다. 오늘도 그녀에게 전화가 왔어요.

"언니, 나 속상한 일 있는데 커피 한잔할까? 머리 아플 때는 달달한 거 먹어야 겠지. 저번에 갔던 그 케이크 집에 가야겠어. 일 끝나고 언니네 집 앞으로 갈게"

동생은 차가운 아이스 아메리카노를 받자마자 벌컥벌컥 반이나 들이켰어요.

"남편에게 이제라도 집을 사자고 했거든. 근데 남편이 대출을 얼마나 받을 건지 물어보면서, 버럭 화를 내는 거야. 그러다 집값 떨어지면 어떻게 감당할 거냐고. 남편한테 전세 사는 게 왜 손해인지 차분하게 설명했는데... 아무래도 내 말을 못 믿는 것 같아. 그게 더 기분이 나빴어. 남편하고 캐시 플로 보드게임을 해야 하나?"

"집은 사기로 결정한 거야? 네가 지금처럼 투자 공부를 열심히 하면 똑똑한 집 한 채를 살 수 있어. 나는 그런 집을 '아낌없이 주는 나무'라고 불러. 그 그림책 봤지? 그네도 되어주고, 열매도 주고, 배도 만들 수 있고, 앉아서 쉴 수 있는 그루터기가 되잖아. 집도 비슷해. 집값이 오르면 추가 대출을 받을 수도 있고, 그 대출금으로 새로운 집을 살 수도 있어. 꼭 집이 아니라도 주식 투자도 할 수 있어. 무엇보다 내 집이 주는 안정감이 최고 장점이야. 2년마다 전셋값 오를 걱정 안 해도 되고. 물론 너희 남편 입장도 이해는 돼. 집값 대출은 금액이 크니까. 갚을 생각 하면 적은 돈도 빌리기 힘들지. 충분히 거부감이 들 수 있어. 내가 다녔던 회사 선배들 이야기해 줄게. 기분 풀어지면 남편에게 잘 얘기해 봐."

동생은 어김없이 펜과 메모지를 꺼내 들고 몸을 앞으로 기울였어요.

"회사 선배 중에 39살 동갑내기인 이 과장과 김 과장이 있었어.

김 과장은 부모님께 도움을 받아 2억 5천만 원으로 신축 아파트에 전세를 얻게 됐지. 김 과장은 아파트 청약 당첨을 위해 무주택 상태를 계속 유지하기로 했거든. 하지만 갈수록 세지는 청약 경쟁률 때문에 번번이 청약에 떨어졌어. 결국 전세 계약 만기 때마다 보증금을 올려 줘야 했지. 지금은 4억 5천만 원에 전세로 거주하고 있어. 이번에 또 추가로 1억 원 전세자금 대출을 받았다고 하더라고.

그에 비해 이 과장은 집에서 물려받은 게 없었어. 결혼 생활을 시작할 때 7천만 원을 가지고 신혼집을 전세로 얻었어. 부부가 모았던 돈을 전세 보증금에 모두 넣은 거야. 그래서 여윳돈도 없었어. 학자금 대출도 갚아야 했거든. 결국 전세금을 올려 달라고 할 때마다 2년에 한 번씩 이사했어. 아이가 태어나니까 도저히 이런 식으로는 못 살겠다 싶었지. 그래서 방법을 찾기 시작했어. 밤늦게까지 부동산 서적을 읽고 부동산 카페에 들러 재테크 공부를 시작한 거야. 남편이 그렇게 열의를 보이니 아내도 동참했어.

'앞으로 2년 안에 우리 명의로 집을 꼭 사자!' 부부는 결심하고, 종잣돈을 모았어. 그리고 근처에 있는 신축 아파트를 알아봤지. 그 당시 안양의 신축 아파트 매매 가격은 6억 원이 넘었어. 전세 4억 원을 끼고 사도 한참 무리였지. 그래도 이 과장은 가족의 미래가 달린 일이니

물러서지 않았어.

부동산 앱을 깔고, 입주 물량과 가격 등을 비교하며 저평가된 지역을 찾았어. 아내도 적극적으로 동참했어. 그 지역 맘 카페에서 엄마들이 올린 게시글과 댓글을 다 읽었어. 그 동네에서 가장 아이 키우기 좋은 대장 아파트를 찾은 거야. 이런 게 이성과 감성의 완벽한 조화 아니겠어? 그래서 부부가 합심하면 무조건 잘살게 되어있다고 하는 것 같아.

'평촌에 있는 아파트가 6억이야. 수원이라고 해도 이 정도 위치의 아파트가 3억이면 가격이 너무 좋은데. 여기가 좋겠다!'

판단이 서자마자 두 사람은 첫 번째 아파트를 매입했어. 미분양으로 남아있던 아파트라 분양가 3억 원의 10%인 계약금 3천만 원만 있으면 계약이 가능했어. 이런 경우는 건설사가 더 급해. 그래서 아파트 구매 조건을 유리하게 해줘. 그래서 이 과장 부부도 중도금의 60%를 무이자로 대출받았어.

첫 단추를 잘 끼우자, 다음엔 일사천리로 문제가 풀렸어. 처음부터 이 과장은 이사 갈 집을 찾은 게 아니라, 투자할 집을 찾은 거야. 2년 후, 구매한 수원 아파트의 전세금을 1억 원이나 올려 받았어. 3천만 원 만드는 데 1년이 걸렸는데 말이야. 그것도 아끼고 아껴서 모은 돈이지. 근데 아파트를 사자 2년도 안되어 통장 잔액 1억이 늘어난 거야. 이건 사람이 아니라 돈이 일을 한 거야. 이 과장은 가만있어도 돈이 벌리는 시스템을 만든 거지. 게다가 아파트 시세는 무려 2억이 넘게 올랐어. 오른 전세금 1억 원은 새로운 종잣돈이 되었어. 손발이 척척 맞는 이 과장 부부는 두 번째 아파트도 구입했어. 이제는 살고 싶던 평촌 아파트로 이사 갈 수 있는 자금이 마련된 거야. 7천만 원으로 신혼을 시작했던 이 과장은 순자산 평가액이 10억 원이 넘게 되었어.

반대로 부모님 도움을 받아 좋은 아파트에서 신혼 생활을 시작한 김 과장은 어떻게 되었을까? 전세금 4억 5천만 원에 전세 자금 대출로 받은 1억 원을 빼면 순자산은 3억 5천만 원 정도지. 김 과장도 이 과장이 투자한 걸 보고 억울했을 거야.

'그때 대출받아 집을 샀어야 했는데...' 김 과장은 이 과장 같은 사람들 이야기를 들으면서 자기가 얼마나 한심했을까. 열심히 저축만 하고 살면 될 줄 알았는데...'

이 과장은 부동산 투자에 성공하면서 자신감을 많이 얻었어. '금수저 부러워하지 말자! 방법은 찾으면 있고, 노력하면 무엇이든 할 수 있다!'고 말하더라고."

동생은 내 이야기가 끝나자마자 펜을 내려놓았어요. 그리고 벌꿀 크림이 가득한 몽블랑 케이크를 푹 떠서 한입 먹었어요. 화난 건 어느새 잊고, 미소를 짓고 있었어요.

"역시 달달한 거 먹으면서 투자 얘기 듣는 게 제일 재미있어."

빈자의 생각: 빚은 빨리 갚아 없애야 돼.

부자의 생각: 빚을 내서 더 높은 수익을 창출할 수 있다면 괜찮아.

재테크 마인드 QUIZ

주택 담보 대출을 받게 된다면,
어떤 걸 선택하는 게 유리할까요?
1) 10년 상환   2) 30년 상환   3) 40년 상환

정답은 40년 상환입니다. 인플레이션으로 인해 지금의 돈과 40년 후의 돈은 같지 않다는 것을 아셨지요? 최대한 늦게 조금씩 갚는 게 유리합니다.

평소에 대출은 어떤 것이라고 생각했나요? 대출에 대한 오해를 적어볼까요? 내가 받을 수 있는 대출 종류는 어떤 것들이 있는지 알

아보세요.

예를 들어 생애 최초로 집을 구입할 때, 주택 시세의 80%까지 대출을 받을 수 있어요. 그것도 2%대 낮은 금리로 가능합니다.
얼마의 대출을 받을 수 있는지, 미리 알아보세요. 집값의 40% 가 있어야 대출을 받을 수 있다고 알고 있는 사람들보다 더 많은 기회를 잡을 수 있어요.

주부라면 남편 신용카드 보다는 본인 명의의 신용카드를 사용하는 것도 방법입니다. 소득이 없어도 카드 사용액만으로 소득 인정을 받을 수 있거든요. 그럼 아내 명의로도 대출을 받을 수 있게 됩니다.

부는 가능성을 얼마나 여는지에 따라 결정됩니다.

돌고 도는
경제 사이클

그날따라 동생의 질문은 끝이 없었어요. 아마도 남편이 물어볼 만한 예상 질문을 하는 것 같았어요. 저도 꼼꼼히 알려줬죠. 남편과의 대화가 잘 풀리길 바랐어요.

"그건 부동산 시장이 좋을 때만 할 수 있는 이야기 아냐? 지금은 분위기가 또 다른 거 같은데."

"부동산도 봄, 여름, 가을, 겨울처럼 사이클이 있어. 지금이 무슨 계절 같아?"

"부동산은 계속 오르기만 하는 줄 알았는데, 사이클이 있구나. 풍성한 열매를 추수하고 낙엽이 떨어진 초겨울 아닐까? 지금이 초겨울이면, 부동산 가격이 더 떨어질 수도 있겠다. 드디어 나에게도 기회가 오는 건가?"

"응. 그러니까 지금이 공부히기 딱 좋은 때야. 앞으로는 봄, 어름, 가을... 좋은 날만 남았거든. 부동산 하락기에는 원하는 가격으로 로열동에, 인테리어까지 된 집을 여유 있게 살 수 있어. 부동산 상승기에 집 살려면 저층 아니면 꼭대기 층이거든. 대부분 수리도 안 되어 있어서 수리도 다 해야 해. 아니면 비싸게 주고 사던가."

"사실 자본주의 원리도 공부하고 인플레이션에 대해서 알고 나서 계속 불안했거든. 집값이 이렇게 오르는데, 내 이름으로 된 집 하나 없으니. 내가 돈을 가지고 있어도 자산으로 바꾸지 않으면, 그 돈 가치가 계속 떨어지는 거니까. 갑자기 벼락 거지가 된 기분이었어." 제나는 우울한 표정을 지으며 말했어요.

"조급해하지 않아도 돼. 결국 모든 자산 시장은 팽창과 수축을 반복해. 지금까지는 자산 가치가 올라가는 인플레이션 상황이었어. 코로나19로 실물 경기는 멈춰있었지만, 전 세계 국가가 경기 침체를 두려워해서 돈을 풀었거든. 그래서 대출 규제도 많이 못 했어. 대출 규제를 하면 돈이 돌지 않으니까. 돈이 도는 걸 유동성이라고 불러."

"유동성?"

"그래, 유동성. 코로나 때는 유동성이 좋아서 돈을 엄청나게 풀었어. 그렇게 풀린 돈이 실물 시장으로 가고 자산 시장으로 갔지. 사람들은 저금리 대출을 이용해 자산 시장으로 몰려갔어. 회사에서 일하는 사람들은 일자리를 잃기도 하고, 사람들이 코로나19로 밖에 나오지 못하니까 자영업자는 매출이 줄었어. 대신 투자자들은 폭발하는 자산 시장 덕분에 돈을 벌었어. 그러니 사람들 간의 '자산 격차'도 엄청나게 커졌어. 코로나19는 누군가에겐 악몽이, 누군가에겐 기회가 된 거야."

"그 누군가는 레버리지를 이용한 거네? 돈이 없을수록 레버리지를 똑똑하게 활용해야 하는구나. 엄청난 인플레이션을 뛰어넘으려면, 레버리지를 잘 사용해야겠어. 언제쯤 쳇바퀴 도는 삶을 탈출할 수 있으려나."

"응, 경제가 사이클로 돌아간다고 했잖아. 물가가 계속 오르는 인플레이션 상황에서는 레버리지(대출)를 많이 일으키는 사람이 유리해. 그런데 빚이 줄어드는 디플레이션 상황에서는 어떨까? 지금처럼 금리를 계속 올리는 상황에서는? 대부분 나라의 중앙은행이 존재하는 이유는 인플레이션을 막는 거야. 요즘처럼 물가가 너무 오르면 국채를 발행해 시장에 있는 돈을 회수하고, 사람들이 대출을 덜 받게 금리를 올려. 요즘이 그런 상황이야."

"그럼 지금은 대출이 많은 사람이 불리한가?"

"맞아. 금리가 올라 대출을 적게 받으니까. 아파트 거래가 줄고, 급한 사람들이 아파트를 팔기 시작해. 살 사람은 없고 파는 사람이 많아지면 가격이 떨어지는 거지."

"그럼 언니가 보유한 아파트도 가격이 떨어지는 거 아니야?"

"떨어질 거야. 그래도 걱정 안 해. 다시 오를 거니까. 2007년까지 엄청나게 올랐던 아파트 가격이 2008년 금융위기 후에 전 세계적으로 다 떨어졌어. 이렇게 되면 건설 경기도 침체되고 일자리도 줄어들어. 정부는 이대로 놔둘 수가 없거든. 그래서 다시 경기를 활성화하려고 금리를 내릴 수밖에 없어. 금리를 내리면 어떻게 되는지, 이제는 잘 알고 있지?"

"인플레이션! 금리가 낮아지면 사람들은 다시 빚을 내서 자산에 투자할 거야."

질문이 끝나자마자 제나는 자신 있게 대답했어요.

"그러니 걱정하지 마. 서두르지 말고 차근차근 돈을 모으면서 공부하면 돼. 맘에 드는 아파트를 골라서 가상 모의 투자도 해봐. 나는 로또 엑셀에 사고 싶은 아파트 가격과 날짜를 적어 놨어. 1년 후, 2년 후교통 호재에 따라서 가격이 어떻게 변하는 지도 적어 놔. 가격 흐름을보다 보면 어떤 아파트 가격이 덜떨어지고, 올라갈 때 잘 치고 올라가는지 알 수 있어. 지금은 차분하게 공부하고 돈을 모으면서 시장을 지켜볼 수 있는 좋은 때야."

"하긴, 부동산 상승장에 공부했던 사람들은 얼마나 조급하게 투자했을까? 하루가 다르게 가격이 올라가니... 나도 오를 걸 뻔히 알면서도 돈도 없고 확신도 없어서 지켜만 본 것 같아."

"얼마 전에 최고가로 집을 산 사람도 있는데, 너는 참 운이 좋은 것같아. 부동산 가격 하락 시기에 여유 있게 투자를 시작했으니까. 역시인생은 타이밍이야. 부동산을 사는 방법이 일반 매매 말고 어떤 게 있을까?"

"음... 아파트 청약!" 아니면 부모님께 증여받는 거! 나는 해당 사항없는 것 같지만."

"지금처럼 부동산 가격 하락기에 금리까지 올라가면 빚을 감당 못한 집들이 경매, 공매로 나오기도 해. 똘똘한 집을 아주 좋은 가격에 살 수 있어. 집값이 떨어지기 시작하면 영원히 떨어질까?"

"계절은 돌고 도니까 다시 봄은 오겠지?? 자본주의 사회에서 돈을 찍어내는 걸 멈추면 더 큰 혼란이 올 테니까 다시 돈을 찍어낼 거야. 집값도 결국 다시 제자리를 찾을 거 같아. 그래서 사이클이라고 한 거구나."

제나는 들고 있던 볼펜으로 동그라미를 여러 번 그렸어요.'

"맞아. 이제 재테크 전문가 다 됐네, 정부도 부동산 규제정책을 풀어줄 수밖에 없을 거야. 부동산 침체기였던 2013년에는 사람들이 아예 집을 안 샀어. 더 떨어질 거라고 생각한 사람들이 많았거든. 결국 정부에서 취등록세를 1% 대로 감면해 줬어. 미분양 아파트는 특례로 5년간 양도세까지 면제해 줬거든. 그때 용기 내서 집을 산 사람들은 이번 부동산 상승기 때 큰돈을 벌었어."

"진짜? 그때 투자를 했어야 했는데..."

"겨울이 오면 봄이 올 걸 아는 사람들이 있어. 이런 사람들은 호황 때를 대비해 현금(종잣돈)을 준비하고, 대출 조건의 변화를 체크하고,

부동산 세금 정책을 항상 확인해. 그리고 더 중요한 건 시장에 풀리는 돈이야. 금리가 떨어지고 정부에서 채권을 매입할 때 돈이 늘어나. 시장에 늘어난 돈이 부동산 시장으로 몰려들 때를 귀신같이 알고 그전에 집을 사는 사람들이 있어. '투자 곱하기' 고수들이야. 불황이 올 때마다 다음 경제 사이클을 예상하는 사람 중에 현금 보유자들은 엄청나게 큰 기회를 잡았어."

"인플레이션 상황일 때는 가진 돈 대비 최대한 대출해서 레버리지를 극대화하고, 디플레이션 상황에서는 반대로 하면 된다는 거지? 지금은 내가 할 수 있는 한, 최대한 저축을 늘리고 공부를 열심히 할 때인 거구나."

"그래 남편한테 잘 이야기해 봐. '그냥 된다! 안된다!'로 싸우면 감정만 상해. 내 집 마련 계획도 같이 세우고 같이 공부하자고. 그러다가 정말 괜찮은 집이 있으면 빚을 지고 살 수도 있지. 지난번에 이야기했던 거 기억하지? 이 과장이 될 건지, 아니면 김 과장이 될 건지는 너희 부부의 마음에 달려있어. 물론 그 마음은 둘이 같아야 해."

제나는 갑자기 찾아와서 미안했던지, 시간 내줘서 고맙다는 인사를 연거푸 했어요. 그리곤 아이들에게 간식으로 주라며 뉴욕치즈 케이크 두 조각을 포장했습니다.

지금 우리나라 경제는 어떤 계절에 있다고 생각하나요?

다음 사이클을 대비하기 위해 어떤 걸 준비하면 좋을까요?

나도 새 아파트 살고 싶어!
분양 받는 법

동생은 남편과 내 집 마련에 대해 충분한 대화를 했어요. 레버리지 이야기도 했고, 경제 사이클 이야기도 잘 전달했어요. 남편도 충분한 대화를 통해 동생의 뜻을 이해한 것 같았어요. 그래서 전세로 이사를 다닐 바에 집을 사기로 결정했어요. 아주 예쁜 아기가 태어난 것도 집을 사기로 한 결정에 중요한 원인이었어요. 부동산 경기는 2~3년간 작게 몇 번 올랐다가 조금씩 하락하고 있었어요.

"따르릉" 오랜만에 동생한테 전화가 왔어요.

"언니, 남편이 대출받기 그렇게 싫다고 하더니, 대출받아서 집을 사기로 했어. 근데 오래된 아파트는 싫다고 하네. 무조건 신축 아파트로 사자고 해." 제나는 약간 들떠 있는 목소리로 말했어요.

"우선 분양권에 관심이 있으면 꼭 봐야 하는 사이트가 있어. 아파트 청약 일정과 청약 가점도 계산할 수 있는 '부동산 청약 HOME' 사이트야. 매번 들어가기 힘들면 '호갱노노' 같은 부동산 앱을 깔고 관심 아파트 분양에 알림 설정을 해놔. 청약 전에 가점이 몇 점인지, 어떤 특공(특별공급) 조건에 해당하는지, 앞으로 청약을 어디에 넣고 싶은지 미리 알아봐 둬야 해."

"에고, 청약이 꽤 복잡하네. 지금까지 좀 대충 했나 봐. 주변에서 어디가 좋다고 하면 그냥 아무거나 눌러서 청약했어... 맨날 떨어지는 이유가 있었네. 뭐가 좋을지 전략을 짜야겠어. 근데 어떤 아파트가 살기 좋은 아파트인지 어떻게 알아? 분양 예정 아파트에 직접 가보면 주변에 아무것도 없더라고."

"그래서 아파트 분양 책자에 개발 계획 지도가 있는 거야. 그림을 그릴 줄 아는 사람에게만 보이는 보물 지도야. 우선 아파트 완공 후 살 만한 곳이 될지 미리 그림을 그려 봐. 분양권 투자도 상상력이 있는 사람이 투자를 잘해. 이미 지하철과 쇼핑센터, 아파트 단지 내 초등학교, 학원 등, 모든 걸 다 갖춘 아파트 단지는 가격이 어때?"

"그야 너무 비싸지."

"수요와 공급의 법칙에 따라 누구나 살고 싶어 하면 그만큼 가격이 올라갈 수밖에 없어. 완공 후, 어떤 모습이 될지 상상을 해봐. 그리고 여기다 싶으면 미리 선점해야 해. 눈에 보여야만 확실하다고 믿는 사람들은 그만큼 지각비를 내고 사게 되는 거고. 분양권 가격이 언제 가장 싼 줄 알아? 바로 분양할 때야. 분양할 때는 그 지역의 미래가 보이지 않거든. 그래서 싸기도 하고. 근데 어떤 사람들은 그곳에서 미래를 보기도 해. 부동산은 현재를 사는 게 아니라 미래를 사는 거야."

"당첨이 돼야 말이지. 그만큼 확률이 낮아서 로또 청약이라고 하잖아."

"너 '줍줍' 이라는 말 들어봤어?"

"뭘 줍는데?"

"몇 년 전만 해도 입지가 별로인 곳, 아파트 저층, 동이 안 좋은 곳은 미분양 상태로 남아 있는 경우가 많았어. 부동산에서 '줍줍'은 청약 후 잔여 세대를 선착순 분양을 통해서 계약하는 걸 말해. 청약 통장을 사용하지 않는 거야. 남아있는 것 중에 맘에 드는 동과 호수를 골라서 계약할 수 있어..."

"아니 그렇게 좋은 시절이 있었단 말이야? 지금은 너도, 나도 새 아파트에 살고 싶어 하잖아. 요즘은 대학생들도 분양권 투자한다고 공부한다더라. 나도 분양권 '줍줍' 하고 싶다."

"지금도 비조정 지역이나 입지가 별로인 곳은 잔여 세대를 선착순으로 분양해. 이 상황에서도 미래를 상상하는 투자자는 꼭 있어. 교통망이 좋아지거나 주변에 일자리가 늘어나는 걸 미리 알아보는 발 빠른 사람들은 얼른 가서 계약해. 보이지 않는 걸 미리 알아보는 사람들은 지각비를 내지 않아."

"아. 지각비!"

"그래, 공부하는 사람은 지각비를 안내지. 너도 곧 그렇게 될 거야. 참, 토요일에 시간 돼? 삼천만 원 모으면 근사한 곳에 가기로 했잖아."

"당연히 기억하고 있지, 안 그래도 언니가 언제 데려가나 기다리고 있었는데, 정말 좋아."

새 아파트 분양받는 법

지상에 차가 없는 안전한 곳, 아름다운 정원, 단지 안에 헬스장이 있고 모임도 할 수 있는 커뮤니티 시설이 갖춰진 곳, 근처에 대형 병원도 있고 가까운 어린이집과 학교가 있는 곳, 더 나은 환경을 추구하고 쾌적한 곳에 살고 싶어 하는 것은 부모라면 갖는 당연한 바람입니다. 한번 새 아파트에 살게 되면 오래된 아파트로 돌아가기가 쉽지 않아요. 그래서 늘 인기가 많아요. 신축 아파트는 구축 아파트보다 가격도 더 많이 올라요. 그 가격도 꾸준히 유지되는 편이에요.

어떻게 하면 새 아파트를 가질 수 있을까요?

새 아파트에 입주할 수 있는 방법은 총 네 가지가 있어요.
1. 부동산 청약
2. 지역주택조합
3. 재개발, 재건축
4. 신축 아파트 매입

위에 나열한 방법 중 가장 투자금이 적게 들어가는 방법은 바로 부동산 청약이에요. 총 분양대금의 10%만 있어도 계약할 수 있거든요. 아파트 매입 가격의 60%는 중도금입니다. 중도금은 대출로 해결하고 나머지 잔금 30%를 납부하면, 신축 아파트가 여러분 것이 됩니다.

새 아파트를 매수할 때는 청약, 지역 주택조합과 재개발, 재건축 그리고 기존 신축 아파트 매입 순서대로 돈이 더 많이 들어가요. 그 중 일부는 기회를 얻기도 힘듭니다.

지역 주택조합은 너무 많은 사람들이 의사결정 과정에 참여합니다. 조합 내 소송도 많고 어떻게 해서 겨우 시공사가 결정된다고 해도 공사가 바로 시작되지 않습니다.

오죽하면 원수에게 권한다는 말이 있기도 합니다. 그만큼 시간이 오래 걸리고 아파트로 완성되지 못하는 경우도 많습니다. 여유자금이 있다면 새 아파트 들어갈 수 있는 얼리버드 입장권! 재개발, 재건축을 매수하는 걸 추천합니다.

해당 조합원들은 일반분양보다 먼저 분양받을 수 있는 권리를 갖게 되는 데 이 권리를 바로 입주권이라고 합니다. 이 입주권도 미리 구입해 놓으면 일반분양가보다 2~30% 이상 저렴한 조합원 분양가로 매수할 수 있습니다.

기존 주택 매수보다 충분한 안전마진 확보가 가능합니다.

🍚 아파트 분양권 당첨 받는 방법

1단계 - 청약통장 개설하기

청약으로 분양권에 당첨되려면 청약 통장이 무조건 있어야 합니다. 기존 은행 어플이 있다면 은행에 가지 않아도 '주택청약'이라고 검색하면 바로 개설할 수 있습니다. 앱이 어렵다면 거래하는 시중 은행 창구에서 청약 통장 개설이 가능합니다.

2단계 - 특공(특별 공급) 조건 확인하기

특별 공급은 생애 최초, 신혼부부, 외국인, 이전기관 종사자, 기관추천, 다자녀가구, 노부모부양 특별공급 등이 있습니다. 각자의 상황에 따라 아파트 청약 전략이 달라집니다. 조건에 맞춰 어떤 유형으로 청약할지 미리 정해야 합니다. 신혼부부라면 생애 최초와 신혼부부 특별공급이 해당 되겠지요? 특별 공급은 일반 분양에 비해 당첨 확률이 훨씬 높습니다. 특공 종류와 조건을 꼼꼼히 확인하세요. '특별하게!' 신축 아파트를 마련할 수 있어요.

3단계 - 청약 가점 계산하기

청약은 공부를 따로 해야 합니다. 청약자가 정보를 몰라 좋은 공급 조건을 가지고도 놓치는 경우가 많아요. 우선 미리 청약 가점을 계산해야 해요. '부동산 청약 HOME' 사이트에 가면 '청약 가점 계산기'라는 메뉴가 있어요.

청약에 떨어졌어도 좌절하지 마세요. 틀린 문제를 다시 풀면 더 높은 점수를 받을 수 있어요. 관심 아파트 당첨자 발표 시, 청약 당첨자들의 가점 점수가 몇 점 대 인지, 커트라인을 확인해 보세요. 그럼 우리 점수로 어느 정도 입지의 아파트에 당첨이 가능한 지 감이 생깁니다. 항상 청약에 당첨이 될 거라고 생각하세요. 이 아파트에 살면 어떨지, 부부끼리 자주 의논하며 상상의 나래를 펼쳐보세요.

4단계 - 아파트 고르기

지금처럼 공부하면 실거주와 투자, 두 마리 토끼를 잡을 수 있어요. 여러분이 최종 결정한 아파트에 청약을 넣을 차례입니다. 같은 평수여도, 판 상형인지 타워형 인지 타입별로 경쟁률이 달라요. 일반 분양 전에 미리 특공 청약 비율을 살펴보세요. 청약 비율이 낮은 타입에 청약을 넣습니다. 신혼부부라면 비교적 덜 선호하는 큰 평수를 공략하는 것도 당첨 확률을 높일 수 있겠지요.

"야호! 당첨을 축하합니다!"

청약홈 | 청약캘린더 (applyhome.co.kr)

아파트 청약 일정을 알아보고, 청약 가점도 계산해 볼 수 있는 사이트입니다.

놓치기 쉬운 청약 일정 알려주는 '청약 알리미' 신청 방법

1. '청약Home' 어플 혹은 PC로 접속하기.
2. 메인 페이지 하단에 있는 청약알리미 메뉴 클릭하기.
3. 개인정보 수집 및 이용 동의 체크하기.
4. 고객정보 입력 후 본인인증 하기.
5. 주택 유형 설정
   – 아파트 – 도시형/오피스텔/민간 임대 –공공지원 민간임대
   – 무순위/잔여세대(줍줍: 미분양 시 추가 모집)
6. 원하는 지역 선택하기
7. '신청'버튼 클릭하기
(서비스 신청일 기준으로 1년간 분양 소식을 받아 볼 수 있습니다.)

알쏭달쏭한 첫 투자,
근사한 모델하우스

"언니, 차 없어? 맨날 지하철역에서 보자고 하네. 근데 여기 아무것도 없어. 분위기 좋은 곳은 어디야?"

"응, 운전 못해. 사실 주차를 못해. 하하. 오늘은 모델하우스 같이 가려고 불렀어. 내 취미가 새로 분양하는 아파트 모델하우스 가는 거야. 오죽하면 아들이 나한테 보내는 편지에 '엄마♥아파트'라고 써 놨지 뭐야."

"정말? 모델하우스 가는 것이 취미라고? 취미는 좋은데 차 타고 가면 더 좋겠다."

"부동산 보러 갈 때는 차 타고 가는 건 별로야. 대중교통을 타고. 꼭 걸어서 가야 해. 그래야 지하철역에서 얼마나 걸리는지 알지. 왜 분양 홍보자료에 꼭 나오잖아. '역세권 5분, 지하철역에서 5분!' 그러면 꼭 직접 확인해 봐야 해. 차 타고 가면 금방 인 것 같은데, 도보로 5분이 아니라 15분을 걸어가야 하는 경우도 많거든."

네이버 지도나 카카오 맵을 활용하면 도보 몇 분이 걸리는지 확인할 수 있습니다. 다만 직접 걸어가 봐야 지도상에는 보이지 않는 주변 환경들을 정확히 알아볼 수 있어요. 동생은 걷는 게 별로인 듯싶었지만, 막상 모델하우스에 들어가니 얼굴이 확 바뀌었어요.

"와 여기 인테리어 너무 좋다. 진짜 근사한 곳 맞네. 여기는 아이 방, 여기는 서재, 여기는 ㄱ자형 소파를 두면 되겠다."

동생은 모델하우스를 둘러보며 인테리어 계획을 짜기 시작했어요. 마음은 이미 그곳에 사는 것 같았어요.

"나도 분양권 투자를 하면서, 남편이랑 아이들을 데리고 모델하우스에 자주 갔어. 이제 모델하우스에 가면 자기 집인 줄 알아. 편하게 소파에 앉아서 분양업체에서 제공하는 음료를 마시면서 앉아 있어. 그때는 종잣돈 모으는 중이라 온 집이 절약하는 중이었어. 겸사겸사

가족 나들이를 하고 부동산 공부하기에는 모델하우스가 최고야."

"이런데 보면 바로 들어가 살고 싶겠다. 근데 언니는 바로 입주 안 했잖아? 왜 그랬어? 가족들도 살고 싶었을 것 같은데?"

"처음에는 아파트에 직접 살려고 계약했어. 마음은 바로 입주였지. 새 아파트는 깨끗하고 편리한 게 많거든. 각종 커뮤니티 서비스도 좋았지... 근데 기회비용을 생각하면 그럴 수가 없는 거야."

"가족들이 서운했겠다. 이렇게 좋은데 못 사니까..."
동생은 본인이 더 아쉽다는 표정으로 말했어요.

"만약 그때 우리 가족이 원하는 아파트에 입주했다면, 우리는 지금 그 대출금 갚느라 허덕이고 있었을걸. 부동산 투자는 그걸로 끝이야. 그리고 부채 비율만 늘어나게 돼. 우리는 그런 여력은 없었어. 종잣돈을 불려야 했어. 아파트 가격이 계속 오르고 있을 때니까. 나중에 이 아파트를 가진 돈으로 사는 건 어림도 없을 거라는 걸 알았거든. 돈을 깔고 앉아있지 말고, 최대한 돈을 불려야 해! 할 수 있는 한, 최대한 레버리지를 해야 한다는 느낌이 강하게 들었어. 내 예감은 적중했어."

"그러면 새 아파트에는 언제 입주한 거야?"

"첫째가 초등학교 들어갈 때 입주하는 것으로 목표를 바꿨어. 넉넉한 돈으로 최대한 부채 없이 가려고. 당연히 새 아파트에, 모든 조건을 맞춰서 가고 싶었어. 역세권에, 학교도 가깝고, 병원이나 학원 등 기반 시설이 있고, 커뮤니티 시설도 좋은 곳으로!"

"와, 목표가 명확했네."

"그 무렵 분양하는 경기도 신축 아파트 평균값은 3~4억 정도였지. 나는 10%의 계약금으로 분양권을 매입했어. 중도금 무이자 혜택도 봤지. 돈이 더 들어가지 않아도 되잖아. 그리고 내가 매입한 아파트는 신축 아파트 공식대로 가더라고."

"신축 아파트 공식?"

"응. 신축 아파트 공식! 첫 번째는 '전셋값은 분양가다!' 아파트 가격이 올라가게 되면, 전셋값이 딱 분양가격이 되더라. 정말 내 통장에서 나간 돈은 계약금밖에 없었어. 그리고 프리미엄을 받고 그 아파트를 팔았어. 그랬더니 남편이 언제 입주할 거냐고 따져 묻더라. 나는 항상 똑같이 웃으면서 대답했어. '다음에~'라고."

"그럼 아파트를 판 다음에 바로 다른 아파트를 분양받았어?"

"아파트 잔금을 건네받으면, 바로 옆에 분양하는 아파트 모델하우스로 갔어. 인프라가 다 갖춰지지 않은 지역이라 옆 아파트 역시 미분양이었거든. 그럼 어때! '대규모 단지가 들어서면 인프라는 저절로 들어오고, 인프라가 들어온 곳에는 다른 아파트가 들어올 거야.' 이게 두 번째 공식이야. 아파트 근처에 지하철역이 들어올 예정이었어. 근처에 회사들도 많이 생겨나고 있었고. 단순하게 그려 봐도 돈이 되는 곳이었지. 새로운 신도시에 아파트 분양을 할 때는 처음 분양한 아파트 가격이 제일 저렴해. 그리고 그 아파트 분양권에 프리미엄이 붙어. 그다음 아파트를 분양할 때 첫 번째 아파트의 프리미엄이 반영돼."

"맞다. 신도시에서 제일 처음 분양하는 아파트는 시범 단지잖아. 그래서 위치도 좋고 분양가도 가장 저렴하니까. 근데 근데 주변 인프라가 안 보이니, 계약을 주저하게 되는 것도 사실인 거 같아."

"여기서 알아야 할 세 번째 공식이 있어. '가장 저렴한 분양가의 아파트는 처음으로 분양하는 아파트다!' 한 지구에 아파트 분양을 하면 처음 분양한 아파트 가격이 제일 저렴해. 그리고 다음번 아파트 분양가는 올라가게 되어 있어. 그러면 두 번째 아파트 분양권가가 오른 만큼, 첫 아파트 분양권에 프리미엄이 붙어. 만약에 세 번째 아파트 분양가가 더 올라가게 되면, 첫 번째 아파트 분양권 프리미엄 가격은 더 높아져. 이렇게 아파트 분양가가 단기간에 높아지면, 신도시 전체의 분양가는 계속 올라가게 돼. 아파트 구매자의 심리라고 보면 돼. 그리고 분양가가 계속 오르는 아파트를 사람들은 더 좋아해. 아파트가 다 지어지고 나면 분명히 매매가가 더 오를 테니까. 그러면 분양가는 상승 추세를 이어가고 프리미엄도 더 올라가게 되지."

"근데 우리가 본 아파트는 아직 분양이 다 안 된 거야?"

"응, 저번에 '줍줍'하고 싶다면서? 분양 상담사한테 주변 개발계획도 들어보자고. 모델하우스를 100군데 다녀본 고수가 모델하우스 보는 법, 제대로 알려 줄게. 로얄동 찾는 법도 같이"

분양 상담사는 따뜻한 커피 두 잔을 주면서 앉으라고 했어요.

"이 아파트 살려면 돈이 얼마나 필요해요?"

"분양가의 10%요. 중도금 60%는 무이자입니다. 잔금 30%는 입주할 때 내시면 돼요."

"4억의 10% 면 얼마지? 4천만 원이네. 정말 4천만 원만 있으면 가능한 거예요? 바로 옆 20년 된 아파트가 5억인데, 신축이 4억이라니...

단순히 계산해 봐도 1억은 벌겠는데? 남은 동호수가 어떻게 돼요?"

그렇게 우리는 모델하우스 상담을 하였습니다. 그날 저녁 동생은 남편과 상의 후, 당첨확률이 낮은 청약을 포기했어요. 결국 분양 계약서에 사인을 했어요. 처음에 사람들이 거들떠보지 않았던 미분양 아파트가 다 지어지고 조경이 완성되니, 그 아파트에 살고 싶어 하는 사람들이 많아졌어요. 상품은 한정되어 있고 수요가 많아지면 어떻게 될까요? 분양가에 웃돈을 얹어서 사겠다는 사람들이 늘어났어요. 며칠 후 동생에게서 전화가 왔어요. 한껏 들뜬 목소리였어요.

"언니, 부동산에서 연락 왔어. 내가 계약금으로 낸 4천만 원의 두 배를 주더라도 사겠다고 말이야. 이게 꿈인지 생시인지 모르겠어. 그동안 주식 투자한다고 했다가 얼마나 손해를 봤는지. 적은 돈을 투자할 때는 잘했었거든. 금액이 어느 정도 커지면 마음이 불안해져. 회사에서도 카톡보다 주식 창을 더 많이 들어갔을 거야. 밤에 잠도 안 오고. 펀드가 유행할 때는 중국 펀드에 투자해서 원금의 40%까지 손실을 본 적도 있어."

"나도 주식 좀 한다고 했지만, 그만큼 큰 수익을 보지는 못했어. 개별 종목으로는 사실 마이너스가 더 많았어. 그런데 왜 부동산으로 돈 번 사람은 많은데, 주식으로 돈 번 사람들은 잘 보이지 않을까?"

"아, 부동산은 샀다 팔았다 하기가 힘드니까! 주식은 손가락만 움직이면 사고팔 수 있어서 너무 쉬워. 1분, 1초 만에 떨어졌다 올랐다 하잖아. 참, 맨날 더 떨어질까 봐 불안해서 팔면 주가는 오르고 더 오를 것 같아 주식을 사면 떨어지더라. 내가 하는 거랑 반대로만 했으면 돈 벌었을 거야."

"맞아. 조급함 때문이야. 항상 조심해야 해."

"근데 부동산은 완전히 다르네. 내가 이렇게 큰 수익을 내다니... 4천만 원 넣고 4천만 원을 벌었어. 이게 바로 돈이 돈을 버는 거구나. 이대로 가면 엄청난 부자가 되겠는데?"

아파트 모델하우스 제대로 보는 법

첫 번째, 중요한 건 입지 조건이에요.

처음 모델하우스에 가면 근사한 인테리어에 마음을 쏙 뺏기고 말지요. 부동산은 말 그대로 움직이지 않는 재산이에요. 집을 움직일 수는 없기 때문이죠. 그래서 주변의 학군, 편의시설, 교통 여건 등 입지 조건을 파악하는 것이 중요합니다.

두 번째, 모형도를 살펴봐야 해요.

아파트 단지 모형도는 모델하우스 홍보물이 아니에요. 전체적인 아파트 단지의 모습을 확인하세요. 전체 세대 수, 주차 대수도 확인해 보시고요. 세대수가 많을수록 좋아요. 거래량이 많아 좋고, 편의시설이 많이 생겨서 아파트 가치도 올라갑니다. 디테일을 놓치지 마세요. 동 배치, 동과 동 사이 거리, 출입구 위치, 아파트의 방향, 일조 시간과 일조량을 확인히셔야 해요. 전망이 좋은 아파트는 가격도 좋습니다.

세 번째, 내부 인테리어와 동선을 확인합니다.

평면도 위를 걸어보는 상상을 해보세요. 현관부터 신발을 벗고, 손을 씻고, 시장 봐온 것을 식탁에 내려놓고, 음식을 준비하는 모습을 그려보세요. 실거주 시 활동하기 편한 구조인지 확인이 가능합니다.

네 번째, 모델하우스의 착시 효과에 속지 마세요.

모델하우스는 공간을 넓게 보이게 하려고 책상, 침대 등 가구를 일부러 작게 제작해요. 실제 입주해서 아이 방에 침대 하나 넣었더니 책상이 들어가지 않는 곳도 있었어요. 모델하우스에 있는 소품과 가구를 머릿속에서 지워 보세요. 가전제품 등도 분양가에 포함되는 기본 옵션인지도 확인하세요.

다섯 번째, 답은 현장에 있어요.

모델하우스는 지하철역 앞이나 교통이 좋은 곳에 있어요. 실제 아파트 건설 현장은 교통이 어떤지 직접 가봐야 합니다. 분양 지도에 나와 있지 않은 혐오시설, 철탑 등이 있는지 확인하세요.

"아파트는 첫째도, 둘째도 입지입니다."

아까운 양도세,
기부한다고 생각해보세요

햇빛이 쨍쨍하니, 빨래하기 좋은 날이었어요. 오전에 빨래해서 널고 있는데, 스마트폰 벨이 울렸어요. 발신자 번호에 제나가 떴어요. 동생은 씩씩거리는 목소리로 화를 냈어요.

"아니, 나라에서 나한테 해준 게 뭐가 있어! 세금을 왜 이렇게 많이 떼는 거야? 1년 미만 보유는 70%, 1년 이상은 60%라고? 차라리 안 파는 게 낫겠어."

"나도 처음 투자할 때 세금이 너무 아까웠어. 어떻게 하면 세금을 조금이라도 덜 낼 수 있을까? 머리를 싸매고 책도 읽고 수업도 들었어. 그러다 찾아낸 방법이 공동명의야. 부부 공동명의로 아파트를 구매하면, 1년에 250만 원 세액 공제를 받을 수 있더라고. 2명 합하면 500만 원까지 공제받을 수 있더라. 그것도 매년 공제를 받을 수 있어. 게다가 양도 차익도 반으로 나누니 양도 세율도 낮아져."

"아, 그래서 부부 공동명의로 계약해야 하는구나. 그래도 6~70%는 너무 해."

전화기로 볼멘소리가 들려왔어요.

"나한테 정말 신기한 일이 있었어. 첫 번째 분양권 투자를 하고 비용을 제하고 나니 정확히 500만 원이 남았어. 바라던 대로 양도세를 한 푼도 안 낸 거야. 중간에 프리미엄이 더 올랐을 때도 있었어. 근데 양도세를 내기 싫어서 못 팔고, 비과세에 딱 맞게 판 거지. 웃기지? 그러고 나서 생각을 바꿨어. 합법적인 범위 안에서는 적게 내는 방법을 찾되, 어차피 내야 한다면 더 많이 벌고 기분 좋게 내기로 했어."

"그래도 나는 세금 내기 싫어. 내가 열심히 공부하고 쓰고 싶은 거 참아가며 모은 돈으로 한 투자잖아. 세금은 꼭 내 돈을 뺏기는 거 같아."

"일본 부자 중에 사이토 히토리라는 사람이 있어. 이 사람은 일본에서 세금을 제일 많이 내는 사람으로 유명해. 세금 내는 걸 게임처럼 즐긴대."

"일본의 그 괴짜 부자 아저씨 말하는 거지? 세금 많이 내는 게임이라, 재미있네."

"그 사람 말 듣고 나도 생각을 바꿨어. 그러니 마음이 편해지고, 양도세도 아깝지 않았어. 우리가 낸 돈으로 도로 정비도 하고 멋진 나무도 심고 세상을 이롭게 하는 데 쓰잖아. 어차피 낼 거라면 기분 좋게 내자고 생각을 바꾸고 양도세를 엄청 많이 냈어. 그만큼 부동산 가격 상승이 시작된 거야. 물론 부동산 가격이 오를 타이밍이었어."

"정말이야? 나도 많이 벌어서 낼 거 다 내고 살아야겠다."

"생각을 전환해 봐. 그럼 마음이 편해지고, 일이 더 잘 풀려."

"응, 언니가 결혼 선물로 준 용무늬 부부 도장 있잖아. 그 기운이 너무 좋더라. 엄청 멋들어진 케이스에 명장이 도장을 새긴 것 같아. 그게 이렇게 쓰일지 몰랐지. 계약할 때 부부 도장을 꺼내니까. 다들 한 번씩 만져보고 싶어 하더라고. 이 도장으로 계약서 한 열 번만 쓰면 좋겠다. 쓰면 쓸수록 엄청난 부자가 될 것 같아. 나도 많이 벌어서 세금 많이 내고 세상에 좋은 일 많이 할래!"

　동생은 늘 그랬던 것처럼 언제 화를 냈냐는 듯 웃으며 전화를 끊었어요. 제나의 이런 긍정적인 마인드가 그녀를 성장하게 만들어 준 것 같았죠. 이렇게 편견 없이 받아들이는 동생과 대화를 하면 저도 기분이 참 좋아집니다.

　　저는 즐겁게 놀기 위해 이 세상에 왔다고 생각합니다. 따라서 저에게 있어 일은 곧 놀이입니다. 삶도 곧 놀이죠. 기왕 노는 거라면 재미있고 신나게 놀 거예요. 그래서 저는 항상 '어떻게 해야 재미있고 신나게 할 수 있을까?'를 생각합니다.
　　사업을 시작해서 매출이 올라가고 나라에 내는 세금이 늘기 시작했어요. 그때 저는 일본에서 세금을 가장 많이 내는 게임을 한번 해보자고 생각했습니다.

―사이토 히토리, 〈부자의 운〉 중에서

국세청 홈택스 (https://www.hometax.go.kr)

양도세 계산하기 힘드시죠? 국세청 홈택스에 있는 양도세 모의계산기와 부동산 계산기 어플을 활용해보세요. 부동산을 사고 보유하고 파는 과정에 필요한 취득세, 재산세, 종부세, 양도세, 증여세, 상속세 까지 계산이 가능합니다.

양도세 신고는 양도일이 속한 달의 말일을 기준으로 2개월 이내 신고해야 합니다.

헷갈리는 부분은 국세청 126번 (전화상담) 또는 국세청 홈택스 (게시판)에 문의를 하시면 됩니다.

머니 마스터,
만다라트

동생이 산 아파트에 입주할 때가 다가왔어요. 하지만 입주하지 않기로 했다는 연락을 받았어요.

"지금 이 아파트에 들어가면 당장은 너무 행복할 거야. 하지만 집 한 채가 나를 자유롭게 만들어 줄 수 있을까? 새 아파트 입주는 몇 년 더 미루기로 했어. 우선 나에게 퇴사를 더 빠르게 선물해 주려고 마음먹었어. 언니처럼 더 자유로운 나를 만들 거야."

"정말? 아주 멋져! 종잣돈 모으면서 절제력이 엄청나게 강해졌네. 이제 부동산만 투자하지 말고, 포트폴리오를 다각화할 때가 온 거 같아."

"이제 겨우 조금 부동산을 안거니, 공부를 더 해야지. 빨리 회사 그만두고 싶어!"

"지금까지 더하기도 잘해왔으니, 곱하기랑 나누기도 잘 해낼 거야. 그래야 균형 있게 돈을 유지할 수 있어. 이제 만다라트를 같이 만들어 볼 거야. 내가 톡으로 보내줄게."

"만다라트? 일본 야구선수가 운 키우려고 썼던 거 맞지? 이걸 재테크에 적용하는 거야? 근데 뭐가 이렇게 많아?"

"만다라트는 꿈을 이루기 위해 아주 효과적인 도구야. 언니가 아는 부자들은 자산을 한쪽에만 치우쳐서 세팅해 놓지 않았어. 우리의 핵심 목표는 머니 마스터가 되는 거야. 그것을 위해 필요한 세부 목표들을 8개로 나눠서 적어봐. 만다라트를 사용 하면 균형 감각도 키울 수 있고 어떤 분야가 부족한지 쉽게 알 수 있어. 내가 보내 준 만다라트를 보면, 채우고 싶은 세부 계획들이 저절로 떠오를 거야. 그런 부분들은 회색으로 표시해 놨어. 이미 목표 달성한 것들은 출력한 후 빙고 처럼 동그라미 표시를 해도 돼. 자꾸 지우고 싶어지거든."

"부동산, 주식, 종잣돈 이런 것들은 알겠는데... 부자의 운, 부자 마인드? 이런 것들도 계획을 세워서 만드는구나. 나는 부자가 되는 운

머니 마스터 만다라트

○○상가 구입예정	무르지오 분양권	○○아파트 자가	해피빈기부	무료 컨설팅	나눔강의	자기담보 대출추가 3억기능 4%	사업자대출 3천만원 기능 3%	○○주공 담보대출 추가 1억기능 4%
○○어반 전세 23년 1월만기	부동산	○○주공 전세 24년 8월만기	지인 생일 챙겨주기	부자의 온 먼저주기	부동멘토	○○주공 월세보증금 천만원	레버리지 매출	○○상가 보증금 3천
○○역 입주권 84타임	○○흥반 월세 23년 11월만기	○○주공 월세 24년 11월만기	응원 메시지	책선물	인사이트 인스타 나눔	자가 담보대출 1억 5천 2.8%	○○주공 전세보증금 1억8천	○○주공 전세보증금 4억 5천
애플 ○○주	○○전자 ○○주	○○ETF 300만원	부동산	부자의 온 먼저주기	레버리지 매출	구글애드센스 ○○원	온라인빌딩 ○○원 예정	P2P이자 월 ○만원
테슬라 ○○주	주식	○○ETF 3천만원	주식	머니 마스터	소득	컨설팅 ○○원	소득	남편사업소득 ○○원
○○ETF 2천만원	○○ETF 5천만원	○○ETF 5백만원	황금 노후	시드머니 종잣돈	부자 마인드	급여 ○○원	스마트 스토어 ○○원	온라인 빌딩 월 200만원
연금저축 월35만원	예상노령연금 월84만원	○○ETF 장기가치 5천만원	○○저축 예금 2천만원 3%	○○ELS 12호 12% 2천만원	토스 뱅크 2% 3천5백만원	○○ 모임 참여	매일 30분 책읽기	임금 될 때마다 감사하기
메리츠 실손보험 하루 50만	황금 노후	RP 퇴직연금 월 30만원	아이사랑 적금 10만원	시드머니 종잣돈	웰컴저축 적금 50만 5%	부자 독서 모임 월2회	부자 마인드	시각화
DB형보험 암진단 1억	농지연금 예정	○○생명 연금 월 20만원	K뱅크 특판 적금50만 6%	노란우산공제 월 10만원	○○P2P 3백만원	부동산 투자 선배님과 식사	강의	좋은 호텔 체험

을 가진 사람은 타고 나는 줄 알았어."

"그럼, 부자의 운도 다 스스로 만드는 거야. 나만 봐도 그렇잖아. 세상에 내가 가진 것을 먼저 주면 반드시 되돌려 받아. 아주 작더라도 네가 줄 수 있는 것들을 적어봐. 부자 마인드를 기르려면 네가 지금 할 수 있는 것들도 같이 해야 해. 소득을 높일 때도 급여뿐만이 아니라 벌 수 있는 여러 경로를 생각해 봐. 의외의 방법들이 떠오를 수도 있어."

"칸이 여러 개니까 저절로 생각하게 되네. 대출도 받을 수 있는 게 이렇게 많아? 참, 질문이 있어. 대출을 먼저 갚는 게 나아? 아니면 적금을 먼저 하는 게 나아?"

"그건 너의 다음번 재테크 목표에 따라 다르지. 별다른 목표가 없을 때는 금리 높은 거부터 하면 돼. 돈 모으는 속도는 금리 싸움이라고 했지? 만다라트에 지금 받고 있는 대출과 적금 금리를 적으면 금리 차이가 한눈에 파악이 돼. 대출 금리가 더 높으면 그걸 먼저 갚으면 되고, 적금 금리가 더 높으면 반대로 하면 되는 거야. 근데 많은 사람이 대출 이자는 10%씩 내면서 3%짜리 적금을 들고 있더라."

"에이 설마, 그런 바보가 어디 있어?"

"생각보다 엄청 많아. 적금은 꼬박꼬박 자동이체로 50만 원씩 하면서 카드값은 리볼빙으로 다음 달로 넘기는 사람들 본 적 있지 않아?"

"어머! 나 말하는 거네? 그거 카드사에서 주는 혜택 아니었어? 이번 달 카드 대금 부담되면 원금 10%만 내고 다음 달에 갚으라고 하잖아. 그래서 그대로 이용했지... 리볼빙 서비스에 그렇게 높은 이자가 붙는 줄 몰랐어. 그럼 지금 적금 30만 원, 50만 원씩 나눠서 하고 있는데 어디에다 넣어야 할까?"

"그야 네 계획에 따라 달렸지. 그 돈으로 뭐 할 예정이야? 항상 돈을 모을 때는 그 돈으로 무엇을 할지 먼저 생각해 봐. 투자용 시드 머니 인지, 노후 대비 용도인지 말이야. 이렇게 목적이 있어야 돈을 끝까지 모을 수 있어. 노후 대비라면 증권사 연금저축 계좌를 만들어서 해외 ETF를 매수하는 걸 추천해."

"노후 준비라... 살기도 급급한데, 생각도 못 했어. ETF는 또 뭐야? 대출도, 수입도, 투자도 종류가 다양하네. 나는 만다라트 칸에 적을 게 월급이랑 적금 두 개밖에 없어. 아, 부동산은 한 칸 채울 수 있겠다. 아파트 분양권은 만다라트에 썼어. 나머지는 언제 이걸 다 채워?"
제나는 한편으로는 걱정 섞인 목소리로 물었어요.

머니 마스터 만다라트

	부자 마인드			시드머니 종잣돈			황금 노후	
	소득			아이사랑 적금 10만원			연금저축 월35만원	
			부자 마인드	시드머니 종잣돈	황금 노후			
	소득		소득	머니 마스터	주식		주식	
			래버리지 대출	부자의 운 먼저주기	부동산			
	대출			부자의 운 먼저주기			부동산	

"보면 알지? 한 칸이 있어야 두 칸도 있다는 거. 그래서 세 번째 칸인 분양권도 채운 거잖아. 이건 언니가 재테크 처음 시작할 때 적은 거야. 적은 란에 한 칸부터 시작한 거 보이지? 꼭 기억해. 언니도 아이사랑 적금 10만 원부터 시작했어. 지난번에 알려준 로또 엑셀과 이 만다라트를 같이 쓰면 효과가 더 좋아져. 만다라트를 보면서 로또 엑셀로 3개월에 한 번씩 순자산이 얼마나 늘어나는지 확인해야 해. 돈을 불리기 전에 관리하는 습관을 장착하는 건 매우 중요해. 단단하게 뭉친 눈덩이는 절대 부서지지 않거든. 다음에는 지금 시대에 할 수 있는 최고의 노후 준비 방법을 알려줄게."

★★★★★★★50억 달성	2032.03.01
★★★★★★15억 달성	2030.01.01
★★★★10억달성	2028.12.24
★★★3억 달성	2025.12.24
★★1억 달성!	2024.12.24
★3천만원 달성!	2023.12.24

2032년 순자산 50억 원을 소유하고 있음에 감사합니다.
2023년 월 순수입 천 만원을 벌고 있음에 감사합니다.

머니 마스터가 되기 위한 만다라트와 로또 엑셀 사용법

한 가지의 큰 목표를 이루기 위해서는 8가지의 세부 목표와 64가지의
세부 계획을 진행해야 해요. 머니 마스터를 달성하기 위해 필요한 각각
의 8가지 실행 계획을 적어보세요. 아래 칸에는 순자산 얼마를, 언제까지
달성하고 싶은지, 월 현금흐름으로 얼마를 만들고 싶은지 목표도 같이
적어보세요.

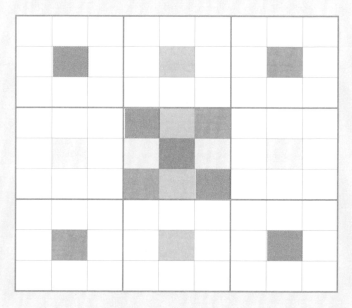

나도 할 수 있다.
황금 노후 ETF

"카톡~!"

동생에게 카톡이 왔어요. 동생은 만다라트를 채워 책상 앞에 붙인 사진을 보내왔어요. 만다라트 옆에는 살고 싶은 집과 여행 가고 싶은 곳의 사진이 붙은 비전보드도 보였어요.

"아직 채울 수 있는 칸은 몇 개 안 되지만, 언니의 만다라트를 보면서 나도 부자가 될 수 있을 거라는 희망이 생겼어. 사실 노후 준비를 아무것도 못 해서 불안했거든. 그냥 덮어놓고 모른 척하고 있었던 것 같아. 노후에 파지 줍는 할머니가 되지 않을까, 걱정했어. 지금 가진 돈이 별로 없어도 노후 준비를 할 수 있을까?"

"우리나라 노인 빈곤율이 43.8%라고 해. 준비하지 않는다면 두 명 중 한 명은 빈곤하게 살 수밖에 없어. 그게 현실이야. 참, 재밌는 거 하나 얘기해 줄까? 사람들은 충분히 많은 돈을 모아서 은퇴해야 한다고 하잖아. 근데 은퇴 시기가 빠를수록 더 적은 돈으로 은퇴가 가능해. 시간의 복리 마법으로 투자 수익률을 극대화할 수 있거든. 소액으로 불안한 노후 준비를 한 번에 끝내는 방법을 알려 줄게."

카톡 메시지를 보내자, 바로 동생에게 전화가 왔어요.

"정말 소액으로도 노후 준비가 가능하다고? 그게 뭔데?"

"바로 연금저축 계좌를 활용하는 거야. 해외 ETF를 적립해 봐. 만약 돈 1억이 있다면 매달 100만 원씩 쓰면 8년 후에 1억은 없어질 거야. S&P500 같은 ETF에 돈을 넣으면 어떨까? S&P 500은 운영한 지 100년이 넘었어. 수익률이 연평균 8%야. 지난 십 년간 오른 수익률이 미래에 그대로 적용된다면, 10년 후에는 투자한 돈에 3배가 오를 거야. 1억을 S&P 500의 ETF에 넣으면 10년 후에 3억이 돼. 10년 후부터 1%씩 찾아서 쓴다고 생각해 봐. 엄청난 수입이지? 조금씩 찾아 써도 복리의 마법은 끝나지 않거든."

"와~ 기존에 가지고 있는 국민연금에 ETF 수입까지 합치면, 사는

데 큰 문제는 없을 것 같아. 근데 난 지금 1억 원이 없는데?"

제나는 아쉽다는 듯 말했어요.

"지금 1억이 없어도 괜찮아. 서른 살부터 매월 33만 원씩 (연 400만 원) 수익률 8%로 30년을 운용하면, 연금 소득으로 4억 7천9백만 원을 얻게 될 거야. 실제 납입액은 1억 2천만 원인데 엄청나지? 60세부터 매달 1%씩 찾아 쓴다고 하면 어때? 이게 복리와 시간이 만나면 생기는 마법의 힘이야. 사실 복리 마법에서 중요한 것은 투자 수익률이 아니야. 시간의 힘이지. 게다가 너는 아직 30대니까. 걱정할 필요 없어. 나이가 더 있는 사람이라면, 금액을 좀 늘리면 돼."

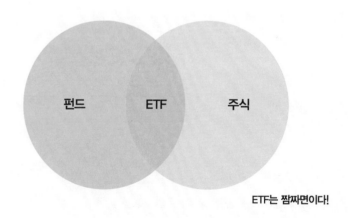

ETF는 짬짜면이다!

※인덱스 펀드: 일반 주식형 펀드와 달리 KOSPI 200과 같은 시장 지수의 수익률을 그대로 따라가도록 구성한 펀드.

"와! 1%만 찾아도 479만 원이야. 엄청난데. 아직 ETF가 뭔지 잘 이해가 안 돼. 주식, 펀드와 차이점이 뭐야?"

"ETF는 짬짜면이야. 인덱스 펀드와 주식의 장점을 합쳐 놨어." 개별 주식을 고르느라 수고를 하지 않아도 되고 (펀드 투자의 장점) 언제든지 시장에서 원하는 가격에 매매할 수 있어. (주식투자의 장점) 게다가 수수료도 저렴해. (펀드보다 운용 수수료 낮고, 주식 거래세도 없음) 분산투자를 하는 효과도 있어."

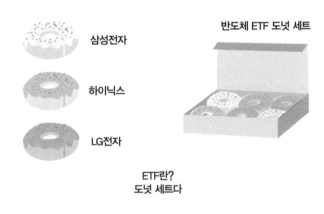

반도체 ETF 도넛 세트

삼성전자

하이닉스

LG전자

ETF란?
도넛 세트다

"분산투자? 여러 주식을 묶은 걸 말하는 거야?"

"ETF는 도넛 세트로 볼 수 있어. 전기차는 전기차 관련대로, 반도

체는 반도체 관련대로, 메타버스는 메타버스 관련대로 담아 놓았어. 도넛을 살 때 한 개씩 원하는 것을 고를지 아니면 세트로 담긴 것을 고를지? 생각하면 이해가 편할 것 같아. 우리가 반도체 관련 주식을 살 때 삼성전자, 하이닉스를 살 건지 아니면 이렇게 묶은 반도체 ETF를 살 것인지 선택하면 돼. 개별 종목을 고르기 힘들다면 우량 주식들로 묶은 ETF 도넛 세트로 투자를 해 보는 거야."

"아, 그럼 나도 ETF 도넛 세트로 사는 게 낫겠어. 연금저축 계좌는 뭐야? 보험사에서 가입하는 거 말하는 거야??"

"연금저축 계좌는 보험사가 아니라 증권사에서 만드는 거야. 빨리 먹을 음식은 냉장실, 며칠 후에 먹을 음식은 냉동실에 넣지? 마찬가지야. 빨리 쓸 돈은 냉장실인 일반주식 계좌에 돈을 넣는 거야. 노후 자금으로 나중에 쓸 돈은 냉동실인 연금저축 계좌에 돈을 넣으면 돼. 돈을 언제 어디에 쓸 것인지, 우선 목적을 정해야 한다고 했던 거 기억나지?"

"응. 먼저 목적을 정한 후에 어떤 칸에 돈을 넣을지 결정하면 되는 거구나. 만약에 그 돈을 2년 후에 쓸 예정이라면?"

"그럼 일반주식계좌에 돈을 넣으면 돼. 노후 자금은 나중에 쓸 돈이니, 연금저축 계좌인 냉동실에 돈을 입금하면 되고."

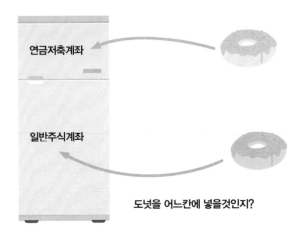

연금저축계좌

일반주식계좌

도넛을 어느칸에 넣을것인지?

　　"갑자기 내 노후가 황금빛으로 변한 것 같아. 해외여행 다니는 할머니가 된 듯. 부자들만 노후 준비하는 줄 알았어. 나도 황금 노후를 만날 수 있겠구나. 오늘 저녁은 짬짜면을 먹고 후식으로 도넛을 먹을래."

　　다이어트를 시작한다던 제나는 잔뜩 신이 난 목소리로 말했어요.

연금 저축 계좌 장점

1. 높은 기대수익률
2. 연 400만 원까지 소득공제(세액공제 환급 66만 원 – 연봉 5500만 원까지)
3. IRP까지 합쳐 연 700만 원을 채운다면 16.5%인 115만 원까지 환급 가능
4. 수수료 저렴
5. 담보대출 가능(단 ETF는 매도 후)
6. 수령 시 과세 (과세이연 효과)
   55세 이후 5.5%

4장

마음 공부 없이 행복한
부자는 될 수 없다. 나누기

재테크 책에서
'왜 마음 공부?'

하루가 멀다고 전화해서 이것저것 물어보던 동생은 한동안 연락이 뜸했어요. 나름 계속 책도 읽고 강의도 들으며, 재테크 하는 사람들과 모임도 하는 것 같았어요. 꽤 바빠 보이더군요. 오히려 저한테 투자하기 좋은 지역을 추천해주기도 했어요. 이제 투자에 대한 감을 잡은 것 같았어요. 작지만 동생에게 도움을 줬다는 게 괜히 뿌듯했어요. 오랜만에 반가운 전화가 걸려 왔어요.

"언니, 인스타그램 보니까 예전하고 많이 달라진 것 같아. 언니는 돈 공부보다 마음공부에 더 관심이 많은 거지? 왜 그렇게 마음공부를 열심히 하는 거야?"

"처음에는 돈 버는 방법이 중요하다고 생각했어. 그래서 돈이 된다는 건 이것저것 다 해봤지. 주식, 부동산, 부업으로 네트워크 마케팅, 보험도 해봤어. 아이 챙기고 생계유지하는 데 필요한 거 빼고는 돈 버는 생각만 한 거 같아. 틈만 나면 재테크 책을 읽고, 출근 준비할 때도 라디오 들으면서 경제 공부를 했어. 근데 돈이 모이지 않는 거야. 진짜 열심히 했는데 말이야."

"정말? 언니도 그랬단 말이야?"

"응, 나도 돌아 돌아 삽질을 많이 했어. 똑같은 강의를 들어도 저 사람은 투자에 성공하는데 왜 나는 잘 안될까 고민도 했어. 정말 가난한 사람도 부자가 될 수 있을까? 부자는 특별한 사람들만 되는 게 아닐까? 자꾸 이런 생각이 들었어. 잘 되는 사람들은 눈빛부터 다르더라. 자신감이 넘쳐. 애쓰지 않아도 부자가 되는 사람들은 따로 있는 게 아닐까라고 생각했어. 그러다가 잠재의식에 관한 책을 읽었어.

'내부에서와 같이
외부에서도'
—네빌 고다드

언니가 제일 좋아하는 문장이야. 오직 내 안에 있는 것만이 내 현실인 외부 세상에 펼쳐진다는 뜻이야. 내 안에 없는 것들은 결코 남에게 줄 수도 없고 실제 삶에서도 경험할 수가 없거든. 보이는 것을 바꾸고 싶다면 보이지 않는 것을 먼저 바꿔야만 해."

"아... 그래서 그런가? 유명한 사람들의 강의를 들으면 부자 되는 방법은 알겠는데, 마음에 와닿지 않을 때가 많았어."

제나는 제 말을 인정하는 듯한 목소리로 말을 했어요.

"나도 한참 뭔가를 가지고 있어 보이는 사람들을 찾아다녔어. '이 책을, 이 강의를 들으면 내 삶이 변할 수 있을 거야'. 매번 이번은 느낌이 다르다고 하면서. 그러다 알게 된 게 있어."

"그게 뭐야?"

제나는 정말 궁금하다는 목소리로 물었어요.

"나는 부자 되는 방법을 그냥 안 것뿐이었어. 그 방법을 믿지 않은 거지. 나는 가난한 무의식을 가지고 있어서인지 안다고 쉽게 그 방법을 믿지 못하겠더라고. 이 세상에 있는 돈 버는 방법을 모두 알고 있어도, 내가 부자가 될 수 있다고 믿어야 그 방법대로 행동하게 되거든. 그 믿음이 삶을 바꾸는 가장 중요한 원인인데, 그걸 몰랐던 거야."

"맞아. 생각해 보면 지난 2년 동안 난 언니 이야기를 믿었고 그대로 따라 했어. 과정에 힘든 것도 있었지만 언니는 나한테 성공 공식이야. 언니의 말에 대한 믿음이 없었으면 지금처럼 재산이 늘지는 않았을 거야."

"사실 내가 사는 것을 보면 전과 크게 다르지 않아. 아직도 소박하게 살거든. 아마 다른 사람이 내 모습을 보면 '정말 부자일까?' 그런 생각을 할 수도 있어. 하지만 내 생각에 확신이 있으니까, 네가 그걸 받아들인 거지. 눈에 보이는 것이 전부는 아니거든. 눈에 보이는 것은 언제든 외부 변수에 의해 없어지고 변할 수 있지만 보이지 않는 것은 쉽게 변화하지 않아. 결국 우리 모두 보이지 않는 생각과 믿음대로 행동하고 삶을 만들어가고 있잖아. 네가 간직하고 있는 믿음을 네 삶에서 일어났으면 하는 모습대로 바꿔봐. 믿는 모습대로 부도, 건강도, 행복도 이룰 수 있어."

"내가 지금 삶에서 경험하고 있는 모든 것들이 내 생각과 믿음에서 비롯되었다는 거야? 마치 생각 안에 알라딘 요술램프처럼 소원을 이루어주는 마법이라도 있다는 건가?"

"알라딘 만화를 보면 아주 깊은 동굴 안에서 그 요술램프를 발견했지? 우리 내부의 아주 깊은 곳에 있는 잠재의식이 바로 그 요술램프야. 대신 한 번에 한 가지씩만! 소원을 정확하게 말해야 해. 대부분 사람은 자신이 원하는 걸 명확하고 구체적으로 말하는 걸 힘들어해. 부끄럽기도 하고, 너무 욕심을 내는 것처럼 보이니까. 우리가 하나에 집중하지 못하는 이유는 현실에 있어. 돈을 모으는 것에 집중하지만 살면서 돈이 필요할 때가 더 많거든. 그럴 때 우리 마음속에서는 갈등이 일어나게 돼. 돈을 원하지만, 돈이 부족해서 생기는 문제들을 더 많이 생각하기도 하고. 원하는 걸 얻지 못하는 유일한 이유는 원하지 않는 일을 더 많이 생각하기 때문이야."

제나는 생각을 하는지 한참 동안 대답이 없었어요. 나는 동생에게 카톡으로 사진 한 장을 전송했어요. 제가 25살일 때 재미 삼아 만든 수표 사진이에요. 0을 8개나 적은 27억짜리 수표였어요.

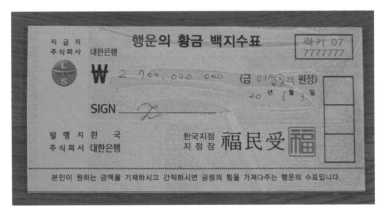

27억 수표

"내가 했던 방법은 그냥 어린아이처럼 순수하게 꿈을 꾼 게 다야. 내가 월급을 적게 받는 현실을 생각하며 부자가 될 가능성을 재보지도 않았어. 어린아이한테 장래 희망을 물어보면 "대통령이 될 거예요!", "백억 부자가 될 거예요!" 말하는 것처럼 스스로 한계 짓지 않았어. 그리고 그냥 믿어버렸지. 미국의 짐 캐리라는 배우 알지? 그 사람도 100억짜리 가짜 수표를 지갑에 넣고 다녔대. 근데 실제 출연료로 그 금액을 받았다는 유명한 이야기가 있어."

"그냥 믿기만 하면 되는 거야?"

"당연히 행동도 같이해야지. 원하는 걸 상상하다 보면 문득 '이걸 하면 좋겠다.'라는 생각이 들어. 그걸 행동으로 옮겨야지만 그 생각은 실제가 되는 거야. 생각만 해서는 아무 일도 일어나지 않아. 짐 캐리도 했다면 나도 할 수 있다는 얘기잖아. 언니가 했다면 너도 할 수 있다는 얘기야. 목표한 돈을 벌지 못할까 초조해하거나 불안해하지 않았어. 그냥 그 수표를 만져보고 바라만 봐도 흐뭇했어. 그리고 이 돈이 있다면 무엇을 하고 있을지 즐거운 상상을 했지. 사실 이 수표가 있다는 것도 잊고 있었어. 우연히 친정에 갔다가 내 방 책상 유리에 수표가 꽂혀 있는 걸 발견했어. 내가 봐도 놀랍고 신기했지."

얼마의 돈을 갖고 싶나요?

그 돈이 있다면 무엇을 하고 있을까요?

이미 가지고 있는 것 처럼 즐거운 상상을 해보세요.

현실과 타협하지 말고,

어디에나 존재하는 끊임없는 풍요로움에

기꺼이 마음의 문을 열어보세요.

우리는 우리가 보고 싶어하는 세상을 볼 수 있어요.

믿기 때문에 보이는 것이니까요.

물질적 풍요와 영적인 풍요,

마음의 평안을 얻은 부자가 되어

벤츠 타고 만나볼까요?

— 러브나애나

나도 행복한 부자가
될 수 있어!

"진짜 요술램프의 지니가 있다면, 세상의 돈을 다 갖게 해달라고 해야지. 하고 싶은 거 다 하고, 사고 싶은 것을 다 사면서 살 수 있으니까!"

동생은 잔뜩 들뜬 목소리로 말했어요.

"지니가 없어서 다행이네. 내 돈도 네 돈 될 뻔했잖아. 아마 그렇게 소원을 빌면 길 가다가 500원 정도는 발견할 수 있을 거야. 애매모호하게 소원을 빌면 안 돼. 더 구체적으로 소원을 정해봐."

"어떻게?"

"예를 들면 인터넷으로 하얀 티셔츠를 주문한다고 생각해 봐. 인터넷에 그냥 하얀색 티셔츠라고 검색하면 고르다가 밤을 새울지도 몰라. 만약 나이키 하얀 티로 검색하면, 그 결과는 더 줄어들 거야. 나이키 반팔 하얀 흰 티라고 검색하면, 아마 고를 만한 티셔츠가 나올 거야. 소원도 이것과 비슷해. 더 많은 검색어를 사용할수록 좋은 결과를 얻듯, 더 구체적으로 말하면 네 마음에 확실하게 다가와. 그리고 실제로 원하는 하얀 티를 배송받을 수 있어."

"정말 그러네. 내가 원하는 걸 먼저 뚜렷하게 알아야 하는구나. 모델 사진만 보고 대충 사느라 몇 장을 실패했는지. 입지도 않은 티가 쌓여 있어. 먼저 라운드 넥에 찰랑찰랑 순면이면 좋겠고, 몸에 딱 맞는 66사이즈 반팔 티셔츠라고 원하는 걸 정확히 정하고 주문해야 하는 거지? 하얀 티 하나 살 때도 그러는데…"

"역시 빨라. 왜 그 돈을 원하는지, 진짜 원하는 게 무엇인지 구체적으로 표현해야 해. 네가 무엇을 원하는지 정확히 알면 그것을 가질 수 있어. 나는 자유를 원했어. 돈을 벌기 위해 내 시간을 회사와 맞바꾸는 게 싫었어. 계속 그렇게 산다고 생각하니 정말 끔찍하더라. 집에서 아이를 돌보면서도 내 경험이 필요한 사람들에게 도움이 되는 삶을 살고 싶었어. 실컷 책만 보면서 내가 어떤 사람인지 탐구하며 살고 싶었고. 사실 돈을 원했던 건 그것을 경험하기 위해 수단으로 필요했던 거야."

"아. 그랬구나."

"난 내 소원은 무조건 이루어진다고 믿었어. 왜냐하면 그 소원을 이뤄주는 건 지니가 아니라 '나'라는 걸 알았거든. 이렇게 마음먹으니까, 돈은 수단이고 과정이 되었어. 자본주의 사회에서 내가 자유롭게 살려면 돈이 있어야 하니까... 내 소원을 이루기 위한 가장 빠른 방법은 돈을 모아 부자가 되는 거였지."

"언니는 돈이 모이면 하고 싶은 게 확실했구나. 하긴 로또에 당첨된 사람 중 불행한 사람들이 많다고 하더라고. 본인이 뭘 원하는지 몰라서 그런가 봐. 돈을 실컷 모았는데 불행하면 무슨 소용이겠어. 나는 행복한 부자가 되고 싶어. 하지만 돈이 있어야 부자가 되지. 그건 사실이잖아?"

"돈에 중요성을 더 많이 부여하면 돈이 없는 현실이 더 크게 느껴질 거야. 해외여행을 가고 싶은데 내 처지에 무슨... 돈이 없어서 못 가고, 모든 것의 원인을 돈으로 돌리기도 하고 말이야. 돈이 있어야만 원하는 일을 할 수 있다고 생각하면 돈 때문에 힘든 상황을 만나게 돼. 내 삶의 주인이 내가 아니라 돈이 내 삶의 주인이 돼서 나를 끌고 가. 내가 만나 본 자수성가 부자들은 자신이 어떤 걸 원하는지 뚜렷하게 알고 있었어. 원하는 걸 명확히 알고 있으니, 부자가 되는 과정이 힘들어도 극복하게 되는 거고."

"돈이 많으면 저절로 행복해질 것 같은데? 일단 로또나 당첨되면
좋겠다."

"로또에 당첨되면 뭐하고 싶어?"

"뉴질랜드나 캐나다로 이민 가야지. 애들 키우기도 좋대. 아니면
아파트, 상가, 꼬마 빌딩을 사서 임대 사업을 하던가. 요즘 무인점포
가 대세라던데..."

"그다음엔 뭐 할 거야?"

"이 정도면 된 거 같은데? 또 뭘 해야 할까?"
제나는 더 이상 바랄 게 없다는 말투로 물었어요.

"그 정도면 네가 원하는 부자가 될 수 있을까? 돈이 목적이면, 아마
한없이 돈이 필요하게 될걸. 10억의 나, 20억의 나, 100억의 나, 1000
억의 나. 돈을 원하는 나만 남게 되는 거지."

"그럴까?"

"로또에 당첨되면 그토록 꿈꾸던 몇십억 부자가 되어도 나는 있는 그대로의 나잖아. 소유해서 상황이 변하는 거지, 내가 바뀌는 것은 아니더라. 삶의 다양한 이벤트를 통해 나를 알아가고, 두려워도 사랑을 선택하는 나를 발견하고, 좋은 사람들과 관계를 통해 즐거움을 느끼는 것이 삶의 목적임을 깨달았어. 우리는 사실 돈 자체가 아니라 그 돈으로 누리고 경험할 수 있는 감정 상태를 원하는 것이 아닐까?"

"돈을 가져봐야 알 것 같은데. 하지만 행복이 돈과는 꼭 상관이 없다는 건 알겠어. 내가 돈이 있어야만 행복할 거라고 정해놓고 있는 것 같아."

"맞아, 돈과 행복이 같지 않다는 것만 알면 돼. 나는 돈이 생기기 전에도 네가 행복했으면 좋겠어. 돈이 많아야 행복한 게 아니라 지금부터 행복하기로 선택하면 돼. 그럼 네 행복한 기분을 따라 더 좋은 일들이 생겨날 거야."

"부자가 될 것인지, 가난을 선택할 것인지, 모든 게 내 생각으로 선택할 수 있다는 말인 거지? 나는 지금부터 행복해져서 돈도 많고 행복한 부자가 될 거야."

당신이 행복한 상태가 되는 것은

대단히 중요한 일입니다.

왜냐하면 오직 당신이 행복한 상태에 있을 때,

자신이 원하는 것들을 끌어당길 수 있기 때문입니다.

— 에스터&제리힉스, 끌어당김의 힘(아브라함의 창조비법)

왜 부자가
되고 싶은가요?

오늘은 제가 먼저 동생에게 전화를 걸었어요. 중요한 질문을 빠트린 게 생각났거든요.

"제나야, 너는 왜 부자가 되고 싶은지 생각해 본 적이 있어?"

"아니, 그냥 부자가 되면 좋을 것 같아서 부자가 되고 싶은 거지. 하하. 그게 궁금해서 전화한 거야?"

"우리는 보통 어떻게 부자가 될 수 있는지, 재테크 방법을 먼저 찾아. 지금 와서 생각해 보면 '어떻게?' 보다 '왜?'가 더 중요하더라고. 네가 정말 부자가 돼야 하는 절실한 이유 말이야. 왜 부자가 되고 싶은지, 너만의 'why'를 찾아볼까?"

"부자가 되고 싶은데 이유가 필요한 거야? 부자가 되면 하고 싶은 것 다 할 수 있으니까."

"왜 진짜 부자가 되고 싶은지를 발견하면, 의식적으로 노력하지 않아도 돼. 끝까지 지속하는 힘을 갖게 되거든. 부자가 되고 싶다고 마음먹는 것으로 끝나지 않아. 이유를 모르면 의식적으로 노력해야 해. 그렇게 노력하다가 그만두고 결국 다시 원래의 상태로 돌아갈 거야. 부자가 되는 방법에 대한 책을 잔뜩 주문하고, 재테크 강의를 엄청나게 들어도 소용없어. 의지가 타오를 때만 반짝하고 끝. 결국 행동으로 옮기지 못한 채 부자가 된 사람들을 부러워하고 있는 경우를 많이 봤어."

🌀 나만의 'why'

저는 인정욕구가 굉장히 강한 사람이에요. 평소에도 남들에게 도움이 되는 삶을 살고 싶다는 생각을 계속했어요. '왜 나는 이렇게 나를 괴롭히는 거지?', '왜 나는 안주하지 않고 계속 성장하려고 할까?'라는 질문을 계속했어요.

Q. 왜 나는 성장해서 '타인과 나누기'를 원하는가?

A. 타인에게 인정받고 도움이 되었을 때 내 마음이 기쁘기 때문이다.

Q. 왜 나는 인정받고 도움이 되었을 때 마음이 기쁘지?

A. 나를 필요한 존재로 인식하고 나 스스로 충만함을 느끼기 때문이다.

Q. 왜 나는 필요한 존재로 인식되었을 때 충만함을 느끼지?

A. 이왕 세상에 태어났으니, 꼭 필요한 빛과 소금 같은 사람으로 살고 싶으니까.

Q. 왜 나는 세상에 꼭 필요한 사람으로 인정받고 싶어 하지?

A. 내가 나를 믿어주지 못했으니까...

Q. 왜 나는 나 스스로를 믿어주지 못했지

A. ...

"질문을 계속하다 보니 나 자신이 나를 믿어주지 않는다는 걸 깨달았어. 나만 바라보고 있던 내 안의 작은 나에게 한없이 미안한 마음이 들었어. 나는 항상 불안했고 최선을 다해 자기 계발을 해온 아이였어.

늘 나에게 인정받으려 하고 믿음을 사려고 부단히 노력해왔지만, 나는 그걸 알아봐 주지 못했던 거야. 철저히 외부만 두리번거리고 밖에서 답을 구하려고 했어."

"언니..."

"더 유명하고 잘난 사람들을 볼수록 지금의 나와 괴리감이 생겼어. 나 자신에 대한 믿음은 점점 작아지기만 하더라. 그래서 나에게 이렇게 얘기해 줬어. '이제 괜찮아. 마음 편하게 있어도 돼. 어떤 상황에서도 너를 아끼고 지지해 줄게. 내 안에서 너는 무조건 안전해.' 그렇게 충분히 그 감정을 느껴주니, 더 이상 인정받고 싶다는 집착도 사라지게 되었어. 그 상황이 삶에서 나타나든, 나타나지 않든 이미 괜찮아졌거든."

"정말 좋은 방법일 것 같네. 내가 나를 인정하고 존중하고 지지해야 하는데... 항상 그것만 빼놓았던 것 같아."

"너도 그랬구나. 내가 나를 인정했더니, 남들이 하고 싶은 거 말고 진짜 내가 하고 싶은 게 보이더라. 생각지도 않은 일도 생겼어. 인스타그램을 하며 나를 좋아해 주고 인정해 주는 사람들을 만났어. '부끌챌린지'와 '부끌대학', '리치시크릿'을 운영하는 리더도 되고, 책을 쓰는 작가가 되기도 하고 말이야."

"언니 목표는 부자 아니었어? 다른 목표가 생긴 거야?"

"내 목표는 자유야. 부자가 되면 하고 싶지 않은 일은 안 해도 되니까. 자유를 찾아가는 과정에 제일 중요했던 건 나였어. 나를 존중하기 시작했더니, 이제는 하고 싶은 게 분명해지는 거야."

"나도 부자가 되면 해외여행도 가고, 명품도 사고, 골프도 치고... 하고 싶은 거 많아. 근데 왜 굳이 그런 커뮤니티도 만들고 강의도 하고 책도 쓰는 거야? 그냥 노는 게 편하지 않아?"

"내가 놀려고 부자가 되었다면, 너랑 그냥 놀면 되지. 왜 너한테 부자 되는 방법도 알려주고 힘내라고 말했겠어?"

"그러네. 나한테 중요한 정보도 알려주고, 다른 사람 같으면 안 했을 일인데. 책을 쓰거나 강의하거나 하는 것도 다 다른 사람을 위한 일인데. 그냥 혼자 부자로 살면 되잖아."

"부자가 되어 하기 싫은 일을 안 하는 자유는 어찌 보면 도피거든. 내가 나를 위해 진짜 하고 싶은 일을 하지 않으면, 삶에 아무런 의미가 없어. 부자가 되는 과정에서 내가 나를 인정하고, 나의 내면을 들여다보기 시작한 거야. 멋지고 유명하고 학벌 좋은 사람들만 책 쓰고, 강의를 하는 건 아니더라. 다른 사람들이 내 이야기를 알면 좋거든. 내가 만난 사람들이 내가 겪은 시행착오를 덜 겪고 부자가 되면 좋잖아. 이게 내가 역경을 이겨 낸 이유가 아닐까 싶은 생각도 들고. 하루를 살아도 내가 하고 싶은 일을 하며 의미 있게 살려고 해."

"나도 부자가 되고 싶은 진짜 이유를 꼭 찾아볼게."

"쉽지는 않지만, 너도 왜 부자가 되고 싶은지, 너만의 진짜 'why'를 한번 찾아봐. 이 질문을 통해 네가 원하는 삶을 살게 되길 진심으로 바랄게. 가장 깊은 나로부터 이유를 발견하면, 결국 실제 현실에서 그토록 바라던 삶을 경험하게 될 거야. 바로 그때 왜 내가 이것을 원하는지 'why'를 먼저 찾고, 무의식에 쌓인 감정을 해소하는 것이 왜 중요한지 알게 돼. 이게 사실은 우리가 그토록 끌어당기려고 시도했던 시크릿의 열쇠야."

다이어트를 시작할 때

디톡스를 먼저 하는 것처럼,

모든 것의 원인이 나라는 것을 알고

왜 이것을 원하는 지 아는 것은

자신의 탁월함을 찾아가는 첫 번째 여정입니다.

—러브나애나

 부자 질문

왜 부자가 되고 싶은지 한번 적어볼까요? 질문에 대한 답이 나오
면, 더 이상 왜라고 질문 할 수 없을 때까지 질문하는 거예요.

5WHY 기법은 도요타 자동차에서 시작되었어요.
문제를 해결하기 위해 [근본적인 원인]을 제대로 분석함을 목표로
두고 있습니다.

Q. 왜 나는 부자가 되기를 원하는가?
A. _____ 하기 때문이다.

Q. 왜 나는
A. _____ 하기 때문이다.

Q. 왜 나는

A. _____ 하기 때문이다.

Q. 왜 나는

A. _____ 하기 때문이다.

Q. 왜 나는

A. _____ 하기 때문이다.

부자와 가난을
가르는 질문

햇살이 점점 뜨거워지던 어느 날이었어요. 동생이 잔뜩 풀이 죽은 목소리로 전화를 했어요.

"언니, 나 어떻게 해...?"

"왜? 무슨 일 있어?"

"아파트가 돈이 된다는 걸 알고 나니까 욕심이 생겼어. 더 큰 걸 사면 더 많이 오를 거 같더라고. 지금 이걸 사지 않으면 또 기회를 놓쳐버릴 것 같아서 덜컥 큰 상가 주택을 샀어. 근데 세입자가 안 구해지네. 원래 현금 흐름을 늘리려고 투자한 건데 오히려 대출이자만 내고 있어. 대출을 3억 넘게 받아서 세입자 못 구하면 경매에 넘어갈 거 같아. 너무 걱정돼. 아! 정말 바보 같아... 계약을 하고 나서야 뭐가 잘못되었는지 알았어. 어쩌다 이렇게 되었지? 요즘 자다가도 새벽 3시면 눈이 저절로 떠져."

"많이 힘들겠다. 언니도 욕심 때문에 큰 건물을 산 적이 있어. 근데 세입자가 안 구해졌어. 너처럼 잠도 못 자고 한순간에 일상이 지옥처럼 변했지. 왜 주식을 할 때도 그렇잖아. 금액이 작을 때는 아무렇지 않다가 금액이 커지면 어때? 작은 등락에도 마음이 요동친 적 있지? 투자도 결국 내가 행복하려고 하는 건데... 이게 뭐 하는 건지라는 생각이 들었어. 그 이후부터 마음의 평정심을 유지할 수 있는지가 투자의 기준이 되었어."

"맞아, 마음이 힘들면 몸도 아프다는 게 뭔지 알겠더라. 낮에 일할 때는 눈꺼풀이 너무 무겁고, 집중력이 떨어져서 평소에 하지 않던 실수도 해."

제나는 한숨을 쉬며 말했어요.

"만약 누군가가 100억을 무이자로 빌려준다면 마음 편하게 받을 수 있어? 나를 포함해서 많은 투자자가 꼭 알아야 할 것이 있어. 바로 평정심이야. 돈의 크기를 결정하는 건 얼마나 평정심을 유지할 수 있느냐에 달려있어. 3억, 5억... 이렇게 벌고 부자 되었다고 할 건 아니지? 수십억이 왔다 갔다 하는 투자도 해야 하잖아. 네 마음이 지금처럼 흔들리면 그런 투자는 못 하게 돼. 지금을 버텨야 진짜 부자로 도약할 수 있어. 그릇이 작으면 아주 작은 물도 찰랑찰랑 간신히 담을 수 있을 거야."

인생을 바꿔주는 질문 "어떻게 하면?"

"에휴, 나도 평정심을 갖고 싶다. 어떻게 하면 마음의 평정심을 되찾을 수 있을까?"

"다시 절실한 마음을 가져봐. 예전에 아이를 생각하며 이사를 고민하던 때로 말이야. 문제에 지치지 말고 해결하려는 마음을 가지면 돼. 그때 올바른 질문을 할 수 있어. '어떻게 하면, 새로 구입한 상가에 세입자가 들어오게 할 수 있지?' 공인 중개소 사무실을 돌아다니며 왜 세입자가 들어오지 않는지 물어보고, 홍보하는 방법이 있는지도 물어보고... 방법을 찾아봐."

"그렇게 하고 있는데, 문의하는 사람도 거의 없어."

"네가 찾은 방법이 당장 해답을 가져오지 않아도 괜찮아. 그건 정성을 다하는 일이니까. 그 정성은 공인중개사한테도, 매물 정보를 올려놓는 맘 카페의 엄마들에게도 보일 거야. 그렇게 경험과 공부를 통해 그릇을 넓혀간다면 원하는 만큼의 부를 가득 채울 수 있게 될 거라고 확신해."

내가 이어서 말했어요.

"나도 투자 공부를 하며 방법을 알아갈수록 돈이 없는 현실이 더 크게 느껴졌어. 저 부동산을 사면 최소 1억 원은 오르겠는데... 공부하면 할수록 확신은 커졌지만, 돈이 없는 현실은 더 크게 느껴지더라. 그래서 질문을 계속 던졌지. 방금 네가 나한테 던진 거랑 똑같아. 부자와 가난을 가르는 인생 질문 '어떻게 하면?'이야."

어떻게 하면 내가 저 부동산을 살 수 있을까?

"내가 살던 빌라는 엘리베이터도 놀이터도 없었어. 장을 보고 잠든 아이를 업고 3층까지 걸어갈 때가 생각이 났지. 더 이상 그렇게 살 수는 없었어. 아이가 커서 가방 메고 3층까지 올라가야 한다고 생각하니 더 마음이 아팠어. 그 빌라에서 학교를 가려면 차도를 3개나 건너야 했으니까. 혹시나 하는 마음에 불안함이 올라왔어."

"끊임없이 질문을 던지기 시작했어. 그 질문 덕분에 재테크를 시작할 수 있었던 거야. 성공한 사람들을 보면 항상 자신에게 힘이 되고 문제를 해결할 수 있는 제대로 된 질문을 던졌어. 스스로에게 제대로 된 질문을 하는 사람은 바른길로 가게 되는 거고."

"현실이라는 벽에 부딪혀서 '이걸 내가 해낼 수 있을까?' 이런 가능성을 제기하기보다는 '어떻게 하면?'이라는 질문을 던지라는 거지?"

"바로 그거야. 책임질 일이 더 많아졌을 때, 그 책임을 회피할 것인지 아니면 기꺼이 더 많은 책임을 떠안을 것인지."
제나는 골똘히 생각에 잠겨 있는 듯했어요.

여러분은 어떤 선택을 하시겠어요? 지금 내게 주어진 힘든 문제를 피하지 말고 떠안아보세요. 그때 여러분 능력과 존재 자체를 더 크게 키울 수 있어요. 다음번에 이것과 똑같은 수준의 문제를 만난다면 아주 쉽게 풀 수 있어요.

반면에, 문제를 회피하면 비슷한 문제들이 반복되어 눈앞에 나타나게 될 거예요. 그때마다 다른 길을 찾아 뱅뱅 도실 건가요? 아니면 기꺼이 책임을 떠안고 문제보다 더 큰 존재가 되실 건가요?

"지금, 이 순간 당신이 극복해내는 힘든 상황은,

앞으로 다시는 당신에게 나타나지 않을 것이다."

−달라이 라마

돈아, 나한테
와줘서 고마워

제나는 생각을 정리한 후 다시 물었어요.

"그래서 언니는 어떻게 해결했어? 큰 건물 사서 마음고생했다면서."

"감사의 힘을 이용했지. 감사는 어디에서나 강력한 힘을 발휘하게
돼. 투자를 함에 있어서도 마찬가지야. 전세로 임대를 준 집이 있었어.
임대 만기일은 다가오는데 세입자가 이사한다고 하는 거야. 근데 도
통 집을 보러 오는 사람도 없었어. 근처에 매물이 많아서 다음 세입자
가 안 들어올까 걱정이 많았어. 돌려줄 보증금도 없는데... 하루하루가
지옥이었어. 밤에 자는 데 식은땀도 흘리더라. 내가 투자한 게 다 무

너지는 듯한 느낌이 드는 거야. 정말 무서웠어."

"내가 요즘 그래."

"이대로 있으면 안 될 것 같아 감사일기를 쓰기 시작했어."

"그럼 그 덕분에 상가가 해결되었다고?"

"아니, 아무 소용이 없었어."

"피~. 그게 뭐야?"

"그런데 감사 일기 문구 한 줄을 바꾸자, 하루 만에 다음 세입자를 구하게 되었어."

"정말? 감사일기로? 감사 일기 쓰는 사람은 많이 봤는데. 바꾼 문장이 뭐야?"

제나는 궁금한지 대답을 재촉했어요.

"원래 썼던 감사 문구는 이랬어."

'집이 빠지지 않아도 기다려 주는
세입자 분께 정말 감사합니다.'

"감사는 지금 가지고 있는 상태를 유지시켜주는 힘이 있거든. 나는 기다려 주는 세입자의 상태에 감사를 전한 거야. 너무 내 입장의 감사를 한 거지. 그래서 생각을 바꿔봤어. 세입자의 입장이라면 무엇을 바랄까? 빨리 보증금을 받고 새로운 집으로 이사를 가고 싶을 거 아냐. 그래서 세입자의 입장에서 감사 일기를 다시 썼어."

'세입자가 원하는 더 넓고 좋은 집으로
이사를 갈 수 있게, 제 집이 꼭 필요하신 분을
보내주셔서 감사합니다.'

"놀랍게도 바로 그다음 날, 부동산에서 계약하자고 전화가 왔어. 부동산 이름도 드림 부동산이더라. 살면서 감사일기로 내가 바라는 것들이 이루어진 일들이 굉장히 많았던 것 같아."

"정말 놀라운 일이네."

"마음이 간절히 원할 때, 그것이 실제로 이루어지면 우리는 기적이라고 불러. 감사의 기적을 더 크게 느낄 수 있는 비결을 한 가지 더 말해 줄게."

"비결? 어떤 비결일까."

"나 자신을 위해서만이 아니라 타인을 위해서 감사 기도를 해봐. 내가 원하는 어떤 일이 이루어졌을 때 타인에게도 도움이 되는지 생각해 보는 거야. 그리고 감사 기도 문구에 '그분에게 좋은 일이 생길 수 있게, 좋은 기회를 주셔서 너무 감사합니다' 이런 식으로 적는 거야. 타인을 위해서 마음을 다하면 감사함의 힘이 굉장히 커진다고 해."

"언니는 이상하게 걱정이 없어 보였는데 인생을 행복하게 사는 비결이 감사일기였구나."

"두려움에서 빠져나올 수 있는 가장 강력한 방법은 '감사하기'야. 더불어 지금 할 수 있는 아주 작은 일이 하나만 있더라도 꼭 행동해야 해. 아무런 일도 하지 않고 감사 기도만 하면 바라던 일이 이루어지지 않을 거야. 두려움을 멈추고 일단 네가 할 수 있는 아주 작은 일에 정성을 다해 봐."

"내가 할 수 있는 작은 일? 나도 부동산 이곳저곳에 연락하고... 혹시 이사 갈 사람이 있는지 주변에 물어볼 수도 있겠구나!"

"맞아, 지금까지 삶을 돌아봤어. 월급도 적고, 물려받은 것도 없고, 사업을 한 것도 아닌데 어떻게 부를 축적하게 되었을까? 행복한 부자가 되기 위해서 꼭 기억해야 할 세 가지가 있어.

'절제, 정성, 감사'

그중 가장 큰 이유는 바로 절제를 한 거야. 그때는 돈을 쓰면 없어진다는 생각을 했어. 그래서 더 아꼈던 거지. 그런데 돈은 쓴다고 없어지는 게 아니더라. 이만한 가치를 누리게 된 것에 감사하면서 돈을 보내 주면, 그 돈이 또 더 좋은 일들을 데리고 다시 들어오게 된다는 걸 알았거든. 그래서 감사 문구를 적은 포스트잇을 지갑 안쪽에 붙여 놨어. 돈을 쓸 때마다 이렇게 감사 인사를 해."

'돈아, 나한테 와줘서 고마워.
더 좋은 곳에 쓰여서 친구 더 많이 데리고 와~!'

"생각해 보면 누리고 있는 것들이 많았는데, 없는 것에 더 집중하고 살아온 것 같아. 이제부터 내가 가진 작은 것 하나하나에 감사해 볼게. 당장 지갑에 포스트잇부터 붙여야겠어."

제나는 한결 편안해진 목소리로 말을 했어요. 동생이 조금은 마음의 안정을 찾은 거 같아 안심이 되었어요.

분명히 글을 읽으시는 분들도 저와 에너지 파동이 비슷하거나
관심사가 같아서 읽게 되셨을 거예요.
당신이 부자가 되겠다는 마음을 먹고
책을 여기까지 읽으셨다는 건 이미 남과는 다른 특별한 분입니다.
네이버 검색어만 찾아봐도 재테크 방법을 찾는 사람은 많지만,
마인드까지 찾아보는 사람은 많지 않거든요.
여러분 같이 멋진 분들이 감사의 힘으로 매일 감동하며
기적 같은 일상을 살아가면 얼마나 좋을까요?
감사는 '감사할 일을 계속해서 불러오는 엄청난 마법'입니다.

―러브나애나

부자의 돈 생각,
가난한 사람의 돈 생각

한참 동안 제나의 상가 주택일은 해결되지 않았어요. 어느 날 동생은 걱정스러운 얼굴로 나타났어요. 우리는 어디를 가자는 말도 없이 자연스럽게 케이크 가게로 향했어요. 달콤하고 맛있는 냄새가 문 앞에서부터 기분을 좋게 만들어줬어요.

"역시 기분이 안 좋을 때는 달콤한 걸 먹어줘야 해. 나는 부자가 되고 싶다고 간절히 원했는데, 왜 삶은 전혀 다르게 흘러갔을까?"

제나는 달콤 쌉싸름한 티라미슈를 포크로 푹 떠먹으며 물었어요.

"우리가 살고 있는 각자의 세상은 스스로가 믿고 있는 대로 현실에 나타나. 내가 믿는 것이 곧 내 삶인 거지."

"그게 무슨 소리야, 나는 이런 삶을 살 거라고 믿은 적이 없는데?"

"잘 생각해 보면 '세상은 이럴 것이다.'라고 믿고 있는 고정된 관념이 있을 거야. 각자가 세상을 향해 가지고 있는 관념은 모두 달라. 어떤 사람은 돈은 원래 벌기도 쉽고 여기저기 항상 넘치게 존재한다고 생각해. 어떤 사람은 돈은 벌기도 힘들고 여기저기 항상 쓸 곳이 많아서 언제나 부족하다고 느끼지."

"맞아, 돈을 벌면 꼭 쓸 일이 생기더라, 저번에 내가 삼천만 원 모았을 때, 어떻게 알고 집주인이 전세금 삼천만 원을 올려 달라고 했는지..."

"네가 그렇게 믿고 있으니까 그런 일이 생긴 거야. '삶은 왜 이래!'라는 말은 잘못되었어. '네가 믿고 있는 게 원래 그래.'가 정확한 표현이야. 현실은 네가 반복적으로 믿고 있는 생각을 경험하게 해주는 리얼리티 영화와 비슷해. 지금의 현실이 원하는 현실이 아니라면 먼저 믿고 있는 생각을 바꿔봐."

"부자가 되는 거랑 내가 믿고 있는 관념이 관계가 있다고?"

"모든 상황을 내 기준에서 보는 '가난한 고정관념'을 깨부수고 '부자의 관념'을 가져봐. 그때 비로소 제대로 된 투자를 할 수 있게 되거든. 내가 바라보는 관점에 따라 세상도 다르게 보여. 심리학적 용어로는 확증편향이라고 불러. 확증편향에 따르면 사람들은 자신이 알고 있거나 믿는 바에 일치하는 방향으로 모든 것을 해석하고, 선택한다고 해. 예를 들어 '요즘 세상에는 사기꾼, 나쁜 사람밖에 없다.'라고 믿고 있으면 그런 부정적인 소식들을 더 많이 접하게 될 거야. 반대로 세상은 아직 살만하고 좋은 사람들이 많다고 생각해 봐. 부정적이고 자극적인 뉴스만 떠들썩하게 담는 소식 말고 알려지지 않은 숨은 선행들이 눈에 보이기 시작할 거야. 네 삶을 변화시키는 것은 밖에 있는 특별한 누군가가 아니야. 그냥 네가 믿고 있는 생각을 바꾸면 돼."

"눈 감아도 보이고, 귀 닫아도 들리던데."

"나도 내가 믿고 싶은 세상을 선택적으로 보려고 일부러 TV와 인터넷 뉴스를 안 보기 시작했어. 그럼 내 기분과 에너지도 떨어지지 않고 기분 좋게 하루를 보낼 수 있거든. 내가 자신을 좋은 사람이라고 믿고 행동하다 보니, 어느새 주변에 좋은 사람들이 가득 모였어. 너도 자신을 스스로 좋은 사람이라고 믿고 세상은 아직 살만하다는 믿음을 가져봐. 하나씩 바꾸면 돼. 진실로 그렇게 믿게 되면 눈앞의 현실도 믿고 있는 그대로 나타나게 될 거야. 너는 자유와 돈 중에서 무엇이 더 중요하다고 생각해?"

"당연히 돈이지. 돈이 있어야만 퇴사할 수 있으니까." 제나는 당연한 걸 왜 물어보냐는 표정으로 대답했어요

"또 그런다. 돈을 최우선 목적으로 삼으면 우리가 진정으로 원하는 삶을 영영 경험하지 못할 수 도 있어. '돈 많이 벌면 그때 하고 싶은 거 다 할 거야!'라고 미뤘는데... 그날이 영영 오지 않으면?"

"영영 오지 않는다니 너무 끔찍하다. 그전에 내가 죽을 수도 있다는 생각을 전혀 못 한 거 같아."
제나는 들고 있던 포크를 내려놓으며 숙연한 표정으로 말을 했어요.

"나도 사실 회사를 너무 그만두고 싶었어. 하지만 우리 부부는 맞벌이하지 않으면 생활비가 무조건 마이너스가 되는 상황이었어. '퇴사해서 생활비가 모자라면 어떻게 하지?' 끝도 없는 걱정이 올라와서 밤잠을 설쳤어. 근데 아침에 15개월 된 아이를 어린이집에 맡기고 회사에 갈 때마다 너무 힘든 거야. 아이랑 놀아주고 싶었지. 그리고 회사는 내내 내 목을 조르는 것 같은 답답함을 주었고. 근데 방법이 없잖아. 삶의 딜레마처럼 느껴졌어. 현실에서 원하는 일을 할 수 없다는

딜레마. 나는 회사를 안 다니면 가정 형편이 더 어려워질 거라는 관념을 가지고 있었어. 나중에 다시 직장으로 돌아가고 싶어서 후회할 거라고 믿고 있었어."

"기억나. 언니 그때 맨날 퇴사하고 싶다고 고민했던 거."

"응, 하도 답답해서 좋아하는 선배한테 물어봤어. 그 선배는 먼저 퇴사했거든."

'회사 그만두니 마음대로 할 수 있어 좋겠다. 근데 생계 걱정은 안 돼?'
'나도 사람인데, 회사 그만둘 때 얼마나 고민이 많았는데. 무섭기까지 하더라. 그런데 일단 나와보니 굶어 죽지는 않더라고. 여유롭지는 않았지. 근데 하고 싶은 대로 했어. 아이들과 해외에서 한 달 살기도 했지. 하면 되더라. 지금, 이 순간을 즐기며 살고 있다고 할까.'

"그 말에 용기를 얻었어. 나도 지금 자유를 얻어 행복하기로 했어. 퇴사를 하면서 내 관념도 같이 바꿨어."

"꿈에 그리던 퇴사를 그렇게 한 거구나. 그때 언니가 갖게 된 새로운 관념은 뭐였어?"

"나는 놀수록 돈이 더 쉽게 들어온다. 나는 부자다. 나는 아이들을 돌보며 돈도 많이 벌고 행복하게 사는 경제력과 시간을 다 가진 부자 엄마다!"

"정말 말한 것처럼 멋진 엄마가 되었네?"

"신기하게도 내 관념을 바꾸자 현실의 삶 역시 그렇게 바뀌기 시작했어. 맨날 똑같던 남편 월급도 오르지 뭐야. 꽤 많이 올라서 내가 벌던 돈을 보충하겠더라고. 그리고 부수입도 생겼어. 네이버 스마트 스토어, 영어 과외, 컨설팅, 재테크, 강의 등. 여기저기서 돈이 들어오더라. 게다가 가지고 있던 부동산이랑 주식까지 계속 오르는 거야."

"언니가 생각을 바꾸니, 운의 방향도 바뀐 건가? 나도 다른 사람들이 여행 다니고 취미생활 하는 걸 보고 '저것도 다 돈이 있어야 할 수 있는 거야.'라고 생각했어. 돈이 있어야만 직장에 안 다닐 수 있다고 정한 건 바로 나였구나. 돈이 있어야만 무언가를 할 수 있다고 믿은 내 생각이 원하는 삶을 더 멀어지게 만든 거였다니."

제나는 이제라도 알게 되어 다행이라는 표정으로 말을 했어요.

"이제 돈과는 상관없이 내가 원하는 것을 선택하면 즉시 할 수 있다고 생각을 바꿔봐."

"미뤄두었던 부모님 모시고 제주도 여행 가는 것부터 해야겠다. 얼마 전에 로또 엑셀 목표 중 하나를 달성했거든. 언니가 말해준 목표를 달성하면 보상을 해주라는 건 절대 잊지 않고 기억하고 있었지. 바로 제주도 가는 비행기 티켓부터 알아봐야겠네. 사실 부모님 모시고 제주도 여행 가는 것쯤은 바로 할 수 있는데 말이야. 엄마가 제주도에 메랄드빛 바다를 보고 얼마나 좋아할까? 고마워, 언니! 여행을 다녀오면 또 돈 벌 기회가 많이 생길 것 같아."

제나는 진열장에 있는 한라봉 타르트를 뚫어지게 쳐다보며 말했어요.

돈이 있어야만 내가 원하는 것을 선택할 수 있다. (×)
돈과는 상관없이 원하는 것을 선택하면 돈은 따라온다. (○)

소원을 이루어 주는
'잠재의식'을 사용법

제나와 대화는 계속되었어요.

"돈에 대해 생각하면 어떤 감정이 떠올라? 항상 부족하다는 결핍감? 아니면 항상 곁에 있어서 넉넉하고 마음대로 사용하는 여유로움이 떠올라?"

"아직은 부족하다는 생각이 많이 드는 거 같아. 아이가 생겨서 방도 부족하고, 여행도 다니고 싶은데 그럴 여유도 없고."

"부자들은 사실 돈에 대해 큰 감정이 없어. 왜냐하면 돈은 그들 세상에서 늘 당연하게 존재하고 있는 거니까. 초등학교 친구 중에 정말 잘 사는 친구 집에 놀러 간 적이 있어. 현관에는 말로만 듣던 항아리가 있었지. 그 안에는 만 원과 천 원 지폐가 가득 들어있었어. 집에 방문한 과외 선생님이나 친구들에게 차비로 쓰라고 필요한 만큼 가져가라고 하더라."

"진짜, 그런 집이 있다고?"

"웃긴 게 뭔 줄 알아? 마음껏 가져가라고 했는데, 나는 2천 원만 꺼내서 들고 왔어. 그때 한 달 용돈이 2천 원이었어. 그러니 내가 그 이상 가져가는 건 왠지 죄를 짓는 거 같았거든. 정말 신기한 경험이라 지금도 생생하게 기억이 나."

"와! 돈이 가득 든 항아리라... 정말 부자들은 돈을 가둬두지 않고 흐르게 두는구나."

"이렇게 부자들은 부모나 가정환경 때문에 돈은 늘 있는 것이라고 프로그래밍 되어 있어. 무의식적으로 돈은 이미 있다는 관념으로 삶을 대해. 부자들 생각에는 돈은 어디에나 늘 있는 거야. 이렇게 부자의 관념에 맞게 세상을 보게 되지. 그런 사람들은 애쓰지 않아도 늘 돈이 생겨."

"듣고 보니, 그런 것 같기도 해."

"반면 평범한 우리는 어때? 부자가 되려고 엄청 애쓰는데 늘 그 자리에 머물러있지. 가난한 사람들은 유독 돈에 대해 강한 집착과 결핍이 있는 걸 볼 수 있어. 하지만 겉으로는 자존심 때문에 돈에 관해 관심이 없다고 말해. 그리고 부자들을 보고 욕심도 많고 자기들만 잘 산다고 굉장히 부정적인 감정들을 내뿜고 있지. 돈에 대해 이런 결핍된 감정들을 많이 가질수록 현실에서도 결핍된 상황들을 자주 만나게 되는 거야."

"그러고 보니 명상가나 종교 관련 일을 하는 분들을 보면 유독 가난하게 지내는 것 같아. 겉으로는 물질적인 것에는 관심이 없다고 하지만 내적으로는 엄청난 갈망을 하고 계신 분도 보았어. '영적인 걸 추구하는 사람은 물질적인 걸 추구해서는 안 돼'라며 애써 자신을 숨기고 계시더라."

"원하면서도 원하지 않는 척, 감출수록 그걸 더 필요로 하는 상황을 마주하게 될 거야. 이런 부정적인 감정을 바꾸려면 어떻게 해야 할까? 우리 내부의 소원을 이루어주는 램프의 요정 '잠재의식'과 대화하는 방법은, 바로 감정을 이용하는 거야."

"감정을 이용해서 잠재의식과 대화를 한다고? 확언을 하고 소원 100번 쓰기를 하는 것과 비슷한 거야? 근데 쓸 때마다 이게 정말 이루어질까 의심이 떠오르는 것도 사실이야."

"생각 몇 번 한다고 잠재의식이 바뀐다면 많은 사람이 원하는 소원이 다 이루어졌을 거야. 너에게만 비밀을 알려 줄게. 100번 쓰기를 하면서 의심이 아니라 가슴이 두근대고 벅찬 감정이 느껴지면 그 소원은 이루어질 거야. 잠재의식은 생각이 아니라 감정, 느낌에 더 크게 반응을 하거든."

"아무에게나 안 보여주는 건데, 특별히 너한테만 살짝 보여 줄게."

"그게 뭔데?"

"나에게 10억을 벌게 만들어준 다이어리야. 전 재산이 삼천만 원일 때야. 그냥 그렸던 건데... 우연히 다이어리를 발견하고 깜짝 놀랐지 뭐야. '나는 2020년 10억 원의 부자가 된다.'라고 적은 거 보이지? 여기 적은 날짜보다 훨씬 앞당겨서 이루어졌어. 그 옆에는 '돈은 나를 행복하게 해주고 돈은 나를 자유롭게 해준다고 적어놨어.' 별거 아니라고 생각한 돈에 대한 이 감정이 나를 더 빠르게 부자로 만들어준 거야."

돈 = 자유
내가 하기 싫은 일을 하지 않을 권리
돈은 나를 여유롭고,
내가 원하는 것을 모두 할 수 있게 합니다.
―러브나 애나

"이거 아들이 그린 거 아니지? 그림일기 같은데... 정말 신기하네. 자본주의에 대해서 배우고 나니 돈이 얼마나 고마운 존재인지 알겠어. 돈이 없다면 물물교환을 하러 무겁게 물건을 들고 다녀야 하잖아."

"맞아, 네가 먼저 마음의 문을 열어 주면 돈도 자연스레 다가오게 될 거야. 우리도 나에게 먼저 호감을 가지고 있는 사람에게 끌리거든. 돈은 나를 좀 더 행복하게 만들어 주고, 돈은 나를 도와주는 고마운 존재이고, 돈은 나를 좀 더 멋지게 표현할 수 있는 도구이고, 돈은 든 든한 나의 편이라고 생각해 봐."

"좋아, 나도 당장 다이어리에 그림을 그릴 거야. 돈에 대한 내 감정도 적어볼게."

돈에 대한 나의 감정을 솔직하고 자유롭게 표현해 보세요.
그림으로 그려도 좋고, 글로 적어도 좋아요.

돈에 대한 감정
TEST

부자가 되냐 되지 못하느냐는 단순히 돈을 얼마나 가지고 있냐에 따라 결정되지 않아요. 내가 돈에 대해 어떤 감정을 가지고 있는지가 중요합니다. 생각을 바꾸면 현실이 바뀐다고 하잖아요. 잠재의식은 생각이 아닌 내가 어떤 감정을 느끼고 있는지에 더 크게 반응합니다. 감정에 따라 그에 맞는 사람, 사건들을 끌어오게 되거든요.

유독 운이 좋아 보이는 사람이 있죠? 똑같은 일을 해도 이상하게 그 사람은 일이 술술 풀립니다. 끌어당김이 잘 되는 사람들의 비밀이 뭘까요? 그 비밀은 바로 감정에 있습니다. 사람을 자석으로 비유해 볼게요. 끌어당김이 잘 되는 사람들은 자석에 부정적인 감정 먼지들이 붙어 있지 않아요. 부자의 자석은 깨끗한 상태입니다. 그래서 원하는 걸 생각하면 더 잘 끌어오게 됩니다.

반면 끌어당김이 잘되지 않는 사람은 어떨까요?

나도 모르게 억눌린 감정들이 무의식에 가득 쌓여 있는 상태입니다. 이런 사람이 자석이라면 원하는 것들을 잘 끌어올까요? 자석에 감정 먼지가 더덕더덕 붙어 있어서 작은 클립 하나 끌어오기 어려울 거예요.

갑자기 드는 불안과 의심, 이런 부정적인 감정을 바꾸려면 어떻게 해야 할까요?"

먼저 테스트를 해볼게요. 나는 돈이라는 것에 대해서 어떻게 생각하는지 아래 문장을 읽어보세요.

● 돈에 대한 감정 TEST

다음의 문장을 읽어보세요.

1. 갑자기 돈이 생기면, 또 어디서 돈 쓸 일이 생길까 봐 불안하다.
2. 돈이 많아지면 사람은 변하게 되어있다.
3. 내가 돈을 많이 가지면 다른 사람들은 더 가난해진다.
4. 돈을 더 많이 벌려면 더 많이 일해야만 한다.

5. 돈이 더 많아지면 뒷감당할 일이 늘어나 피곤해질 것이다.

6. 돈이 있어야만 행복할 수 있다.

7. 돈은 모든 악의 근원이다.

8. 돈은 특별한 사람들에게만 주어진다.

9. 남의 돈을 버는 것은 참 힘든 일이다.

10. 나는 돈을 많이 벌면 가까운 사람들을 잃게 될까 봐 항상 두려워한다.

자 이제, 이 문장에서 돈을 돌로 바꿔서 다시 읽어보세요.

1. 갑자기 돌이 생기면, 또 어디서 돌 쓸 일이 생길까 봐 불안하다.

2. 돌이 많아지면 사람은 변하게 되어있다.

3. 내가 돌을 많이 가지면 다른 사람들은 더 가난해진다.

4. 돌을 더 많이 벌려면 더 많이 일해야만 한다.

5. 돌이 더 많아지면 뒷감당할 일이 늘어나 피곤해질 것이다.

6. 돌이 있어야만 행복할 수 있다.

7. 돌은 모든 악의 근원이다.

8. 돌은 특별한 사람들에게만 주어진다.

9. 남의 돌을 버는 것은 참 힘든 일이다.

10. 나는 돌을 많이 벌면 가까운 사람들을 잃게 될까 봐 항상 두려워한다.

어떤가요?

나도 모르게 가지고 있던 돈에 대한 부정적인 감정을 알게 되었나요? '돌이 있어야만 행복할 수 있다.' 이 문장을 읽으면 무슨 생각이 떠오르나요? '돌과 행복이 무슨 상관이람!' 이런 생각이 들지 않나요? 이렇게 돈을 초연하게 대할 수 있을 때, 우리는 돈에 끌려다니는 삶에서 벗어날 수 있게 됩니다.

제나는 문장을 큰소리로 읽은 후, 눈을 동그랗게 뜨고 대답했어요. "'돈을 많이 벌려면 더 많이 일해야만 한다.' '돈은 특별한 사람들에게만 주어진다.' 이 문장을 읽을 때 유독 강한 감정을 느낀 것 같아. 근데 돌로 바꾸니까 아무 감정이 느껴지지 않네. 정말 신기하다. 나도 깨끗한 자석처럼 끌어당김을 잘하고 싶은데 어떻게 해야 할까?"

"바로 감정을 청소하는 거야. 우리는 매일 양치를 하고 세수를 하지. 마음도 똑같아. 매일 닦아줘야 하는 데 보이지 않기에 그냥 넘어가곤 해. 그 감정의 먼지들이 쌓이면 어떻게 될까? 점점 '나다움'을 잃게 되고 빛도 잃게 돼. 원래 내 안에도 환한 빛이 있는데, 타인에게서만 그 빛을 발견하게 되지. 그러고는 원치 않는 현실에 처하고 불안, 초조함, 두려운 감정들로 둘러싸이게 되는 거야. 그때가 감정을 풀어낼 적절한 타이밍이야."

세도나 메서드의 릴리징 기법

부정적인 감정을 제거하는 가장 효과적인 방법이 있어요.

감정이 올라올 때 억누르지 말고 반갑게 맞이하세요. 그리고 이 질문을 던져주세요.

1. 지금 이 감정은 무엇인가요?

(예 : 질투입니다. 부러움과 수치심도 섞여 있습니다.)

2. 그 감정을 환영할 수 있나요?

(예 : 네라고 대답하면 저항하는 대신 감정이 있다는 걸 인정하게 됩니다.)

(아니요!라고 대답하면 그 감정은 내 안에 한층 더 깊게 스며듭니다.)

3. 이 감정을 흘려보낼 수 있나요?

(예 : 아니요!라고 대답해도 괜찮아요. 이 질문을 던지는 것만으로 어쩔 수 없이 그 감정을 느끼게 됩니다.)

4. 언제 흘려보낼 수 있을까요?

(예 : 지금! Happy Now!)

와다다 쓰기로 풀어내는 기법

그동안 엄청나게 쌓인, 캐게 묶은 감정들이 마음 창고 지하 2층까지 꽉 차 있다고요? 그럴 땐 펜을 들고 아무 말이나 적어보세요.

저도 처음엔 억눌린 감정들이 없다고 생각했어요. 근데 행복한 현실과는 다르게 꿈을 꾸는 게 무서웠어요. 매일 누군가에게 쫓기고 코너에 몰리는 꿈을 꿨어요. 대체 왜 그럴까? 고민을 털어놓았더니 어떤 분이 과거에 힘들었던 일들이 있지 않았냐고 물어봤어요.

순간 저는 '별일 없이 평탄하게 잘 자랐어요.'라고 답했어요. 그날도 어김없이 악몽을 꿨어요. 새벽 3시에 자다 말고 일어났어요. 물 한 잔과 하얀 노트와 펜을 들고 말이죠.

"대체 너한테 무슨 일이 있었니?"
몇 분을 아무렇게나 끄적이고 나서야 과거에 꽁꽁 감춰두었던, 엄청 힘들었던 일들이 떠오르기 시작했어요. 기억하기에 너무 고통스러웠죠. 살기 위해 잊어버렸던 일이었어요.

정말 '미친 듯이!'라는 표현이 맞을 거예요. 저는 펜을 들고만 있을 뿐이었죠. 저도 모르게 감정이 글을 쓰고 있었어요.

한참을 꺼이꺼이 울다가 그 종이가 반쯤 찢기고 나서야 끝이 났어요. 가슴속 구석구석까지 시원함이 느껴졌어요. 여전히 눈가에 눈물이 맺혀 있었지만, 엄청 개운했어요. 그다음 날부터 거짓말처럼 그 악몽에서 벗어났어요.

부정적인 감정들을 기꺼이 인정해 주세요.

그런 감정들을 억누를수록 부러움과 허탈감으로 기분이 더 가라앉게 돼요. 그럼 그 낮은 진동수에 맞춰 가난하고 불안한 일들을 더 자주 만나게 될 거예요. 이런 감정들을 밀어내지 말고 기꺼이 인정해 보세요.

그렇게 되면 나도 모르게 할 수 있다는 자신감이 샘솟고. 타인의 성공을 진심으로 응원해 줄 수도 있어요. 어디서 느껴 본 적 없는 한 없는 에너지 또한 생겨날 거예요. 내면에서 먼저 풍요로움을 느끼면 반드시 외부에서도 풍요로움을 느낄 수 있게 됩니다. 저도 그랬으니까요.

"제나야, 너 이제 머니 마스터가 된 것 같아. 여기까지 잘 따라와 줘서 정말 고마워. 넌 역시 대단해. 사실 처음부터 해낼 줄 알고 있었어. 마지막으로 이 법칙을 선물로 줄게. 잊어버릴 때마다 한 번씩 봐."

"언니 덕분에 나도 부자가 될 수 있다는 희망을 갖게 되었어. 정말 고마워. 근데 갑자기 왜 그래 다시 안 볼 사람처럼?"

"이번 겨울방학 동안 애들이랑 싱가포르, 말레이시아에 가거든. 학교 밖 세상을 보여주고 싶어. 연락이 잘 안될 수도 있지만 그래도 생각나면 가끔 연락해. 늘 그랬듯이 넌 잘 해낼 거야."

☻ 부자가 되고 싶은 당신을 위한 8가지 법칙 ──────

하나, 목표 설정

당신이 왜 부자가 되고 싶어 하는지, 그 이유를 명확히 한다.

둘, 돈에 대한 감정

이 돈으로 진정으로 얻고 싶은 감정 상태가 무엇인지 알아낸다. 눌려있는 결핍된 감정도 모두 적는다.

셋, 행동 계획

원하는 만큼의 돈을 얻기 위해 '세상에 무엇을 제공할 것인지, 무엇을 포기할 것인지'를 결정한다.

넷, 데드라인

해야 할 일의 순서를 정하고 언제까지 할 것인지, 그 시간을 적는다.

다섯, 저축 계획

한 달에 얼마의 금액을 저축할지 정하고, 로또 엑셀에 적는다.

여섯, 부자 체크리스트

로또 엑셀 점검(1개월마다),

순자산 증감 체크 (3개월마다),

계획 수정(계획대로 되지 않을 때, 비용 절약과 추가 수입을 위한 계획 수정)

일곱, 상상 보드

재테크 만다라트와 비전보드를 자주 보는 곳에 붙여 놓는다. 이때 당신은 원하는 것이 이루어지는 장면 속의 나를 상상한다. 이미 그렇게 이루어졌다고 믿는다.(기분 좋은 감정이나 두근거림이 느껴진다면 제대로 하고 있다는 증거이다.)

여덟, 감정 청소

기분이 좋거나 나쁠 때, 감정 기복이 심할 때 조용히 자신의 감정을 들여다보는 시간을 갖는다. 글로 쓰거나 명상을 해도 좋다.

가장 중요한 것은
내 감정입니다

우리는 왜 삶을 통제할 수 없다고 믿고, 운명론을 믿게 될까요?

우리가 삶을 통제할 수 없다고 느끼는 이유는 감정 때문입니다. 매 순간마다 내 감정이 어떤지, 감정이 어디를 향해 가고 있는지 스스로 느끼지 못하기 때문이에요. 우리는 감정에 따라 다른 진동 주파수를 내고 있어요. 이 진동 주파수와 일치하는 것들만 내 삶에 나타나요. 내가 느끼는 감정과 그것이 결국 무엇을 의미하는 건지 이해하지 못하면, 점점 더 살고 싶은 삶과는 반대로 나아가게 돼요.

성공해서 행복한 것이 아니라, 바로 지금 행복하세요. 행복한 감정만이 성공을 가져올 수 있어요.

여러분은 무엇을 생각하면 기분이 좋아지나요?
성공한 내 모습을 상상하면 기분이 좋아지나요?
성공하면 무조건 행복해질까요?

행복은 거창한 결과가 아니에요. 꿈을 꾸고 목표를 향해 가는 과정에 느끼는 작고 작은 기쁨들이 모여 있는 순간입니다. 우리가 성공하고 싶어 하는 이유는 결국 성공하면 행복해질 것이라는 생각 때문이에요. 돈 때문에 부자가 되고 싶은 게 아니라 원하는 걸 체험하기 위해 돈이 수단으로 필요했던 것처럼, 성공해서 행복한 게 아니라 지금 행복을 선택해 보세요. 조금 더 기분 좋은 상태로, 더 좋은 기회와 사람들을 만나면 성공에 더 가까이 가게 될 거예요.

사실 우리 인생은 크루즈와 비슷해요. 신은 우리의 삶을 위해 마음껏 체험해 보라며 무한한 자원을 준비하고 가능성도 무제한으로 열어놓았죠. 과거의 저는 겨우 손에 닿을 수 있는 아주 작은 것들만 먹어 보고 가지려고 했어요. 그게 제 체험의 모든 것이었어요. 더 많은 자유를 누리지 못하고 위축되고 움츠리고 있었지요. 하지만 생각을 바꾸고 감정을 바꾸니, 현실도 바뀌게 되었습니다.
여러분도 스스로에게 질문해 보세요.

왜 나는 더 좋은 것을 가지려고 하지 않을까?
왜 나는 더 좋은 곳에 살고 싶어 하지 않을까?
왜 나는 가능성보다 한계를 먼저 볼까?

너무나 단단해 보이는 이 현실에 한계를 설정한 건 바로 나였다는 것을 깨달았어요.

부자들이 목숨 걸고 지키는 행동이 있어요. 바로 기분 좋은 상태를 유지하는 거예요. 풍요를 끌어당기고 싶다면 풍요로운 생각과 감정을 가지는 게 먼저입니다. 항상 기분이 좋은 상태를 유지하는 사람에게는 시련을 이겨내고 성공한 사람들, 긍정적이고 좋은 사람들이 따르기 마련이에요. 기분이 좋은 것으로 충분해요. 그 주파수에 맞는 사건, 사물, 사람들이 여러분에게 가까이 다가갈 거예요.

풍요의 열쇠는 방법을 아는 것이 아니라 생각과 감정을 사용해 봐야 얻을 수 있어요. 생각과 감정이 지금의 나를 만드니까요. 삶은 원래 즐겁고 행복한 것인데, 그동안 우리는 너무 심각하게 생각하고 고민하며 살아온 것 같아요.

'삶은 원래 즐겁고, 쉽고, 편안하다.'
이렇게 내가 믿고 있는 생각을 바꿔봐요.

자신의 기분을 의도적으로 아주 조금이라도
나아지게 할 수 있다는 사실을 알아차리는 것에는
어마어마하게 큰 가치가 있다.
자신의 체험을 스스로 통제할 수 있다는
자기 권능의 느낌 속으로 다시 들어갈 수 있기 때문이다.

–제리&에스더 힉스, 감정연습

함께하면
더 멀리 갈 수 있어요.

헨리 포드를 아시나요? 그는 미국을 대표하는 포드 자동차의 창업자입니다. 포드는 가난하고 사업이 뭔지도 모르는 상태에서 자동차 사업을 시작했어요. 그 후 10년 만에 미국 최고 부자의 반열에 올랐죠. 아메리칸드림 하면 떠오르는 대표적인 기업가입니다. 그는 어떻게 부자가 되었을까요? 그는 토머스 에디슨과 친구가 되었을 때, 모든 일이 잘 풀리기 시작했어요. 포드가 부자가 된 것은 사람 때문이라는 것이죠. 이 사실이 알려주는 것은 한 사람이 다른 사람의 성공에 지대한 영향을 미친다는 뜻입니다. 이 내용은 나폴레옹 힐의 〈긍정의 힘〉에 나옵니다.

당신은 당신과 가장 많은 시간을

같이 보내는 다섯 사람의 평균이다.

– 짐론

여러분 주변에는 어떤 사람들이 있나요? 당신과 시간을 가장 많이 보내는 사람들 다섯 명을 추려보세요. 그 사람들의 모습을 평균 내면 바로 당신을 알 수 있습니다. 긍정적인 사람들과 함께 공감하며 지내면 긍정의 힘을 여러분 것으로 만들 수 있어요. 저 역시 혼자서는 스스로를 인정하지 못했고 앞으로 나아갈 용기도 없는 사람이었어요. 그런데 꿈꾸는 사람들과 함께하니, 그분들과 닮아가기 시작했어요. 시간이 흐를수록 제 자신을 믿게 되었지요. 서로를 응원해 주는 힘에 두렵지만, 용기 내어 행동하게 되었고요. 저 역시 어느새 다른 사람에게 칭찬과 응원의 힘을 주는 마이크로 인플루언서가 되었습니다

신혼 초, 함께 투자 공부를 하면서 같이 10억 부자가 되자고 꿈꾸던 '꿈 친구'가 있었어요. 다른 친구들을 만나면 시댁 이야기, 드라마 이야기, 주변 사람들의 이야기를 했었어요. 꿈 친구와는 달랐어요. 이 꿈 친구와 원하는 게 무엇인지, 어떻게 하면 원하는 것을 이룰 수 있을지를 이야기했어요.

우리는 지하 주차장이 연결된 34평 새 아파트에 살고 싶다고 이야

기했어요. 다른 사람 눈치도 보지 않고 돈 버는 방법에 대한 이야기도 실컷 했지요. 꿈꾸는 것을 이야기하는 순간들은 정말 시간이 가는 줄 모를 정도였죠. 좋은 책이 있으면 같이 독서 토론도 했어요. 그리고 공동 선언을 했습니다.

'우리 같이 10억 부자가 되자!'

이렇게 공동의 목표를 정하고 돈 버는 방법과 정보를 공유했어요. 우리 둘은 어디를 가든 한 몸이었어요. 투자 강의가 좋다고 하면 서울과 지방을 가리지 않고 어디든 같이 갔어요. 투자하기 좋은 물건을 보러 다니기는 했지만, 꿈 친구나 저도 마찬가지로 투자금이 별로 없었어요.

그런데 '10억 부자 공동 선언' 이후에 여기저기에서 돈이 갑자기 생겼어요. 그러다 적은 금액으로는 어림도 없던 재개발 구역에 투자하게 되었어요. 입지도 좋았죠. 결국 사업성이 좋은 재개발 구역 투자 덕분에 둘 다 10억 원 이상의 자산을 갖게 되었어요. 공동 목표를 선언하고 불과 2년이 채 걸리지 않았어요.

함께 즐거운 마음으로 꿈꾸고 함께 선언하는 일, 그 자체가 우리를 더 신나게 하고 행동하게 해주었어요. 우리가 행복한 감정을 나누는 동안, 기적은 조용히 그리고 빠르게 우리를 찾아왔습니다.

그동안 좋다고 하는 책, 자기 계발 강의를 들었던 것도 도움이 되었지만 들을 때만 가슴이 뜨거워졌어요. 일상에서의 변화는 쉽게 일어나지 않았죠. 내면에서 부에 대한 마인드가 정립되어 있지 않으면 부자가 되기는 힘들더라고요.

그래서 무의식에 있는 돈에 대한 부정적인 관념과 감정들을 알아차리고 바꿔주는 마인드 셋 수업을 진행하고 있어요. 기본적이지만 가장 중요한 로또 엑셀로 돈 관리하는 방법, 나만의 강점을 찾아서 당장 누군가에게 팔 수 있는 것도 같이 찾아주는 프로그램이에요. 돈에 대한 건강한 가치관과 관리하는 습관까지 잡아주는 부자 프로그램! 이름은 '리치 시크릿'입니다.

매일 아침, 부와 운을 끌어당기는 명언과 행복 미션으로 하루를 시작하는 '부끌챌', '부끌대학'도 운영하고 있고요. 스스로를 믿는 힘으로 잠재의식을 서서히 변화시키는 챌린지입니다. 부자의 생각은 마음을 긍정적인 감정으로 가득 채워야 가능하거든요. 아는 게 아니라 사용해 봐야만 습득할 수 있어요.

'부끌챌', '부끌대학'은 스스로 행운을 만들기도 합니다. 로또를 사도 5천 원도 안 된다는 분이 랜덤으로 뽑는 선물에 여러 번 당첨되었어요. '웰씽킹 골드바 이벤트'에 부끌챌린지 멤버가 두 분이나 당첨이 되기도 했고요. 자이 아파트 1004호에 당첨이 되신 분도 계시고요. 이렇게 행운이 시작된 분들이 점점 많아지며 서로를 진심으로 축하해주다 보니 더욱더 운이 좋아지는 걸 느낄 수 있었어요. 부끌챌, 부끌대학에 참여하면, 운이 좋은 사람들 옆에 있는 것만으로도 운이 좋아진다는 것을 확실하게 알 수 있어요.

그저 오는 운은 없어요. 그렇다고 운을 위해 많은 애를 쓸 필요도 없지요. 결국 삶은 스스로 믿는 대로 되고 운이 좋다고 생각하면 정말 운이 좋아집니다.

소리 내서 읽어 볼까요?

"나는, 당신은, 그리고 우리는 운이 억수로 좋다!"

혼자라면 위축되고 뒤처지는 것 같지만, 서로 힘이 되면 매일 도망가는 행운을 그물을 쳐서 붙잡아 둘 수 있습니다. 우리는 각자 위치한 물리적인 집에 살고 있지만 사실은 함께 소통하며, 생각과 감정을 공유하는 기운의 바다에 살고 있기도 합니다. 오늘 여러분은 어떤 사람들과 함께하고 있나요? 또 어떤 사람들과 함께하고 싶은가요?

빛을 받는 첫 단계는 너무나 단순해요. 그저 빛을 향해 고개를 돌리면 됩니다. 주변에 함께 하고 싶은 좋은 사람이 없다면 그런 사람들이 속한 곳으로 가서 함께 하세요. 내가 자주 머무르고 있는 곳이 운명이 되거든요. 신의 선물인 아름다운 당신을 아름다운 곳에 놓아두세요.

에필로그

"작가가 되고 싶어요!"

제 노트에 있는 말입니다. 이 말을 쓰고 또 썼어요.

월급이 적어도, 가진 게 없어도!

누구나 마음먹고 행동하면 부자가 될 방법을 알려주는 작가!

부자가 될 수 있다는 희망을 전해주는 작가!

그게 제 꿈이었어요. 가난한 사람도 생각을 바꾸면 부자가 될 수 있다는 걸 보여주고 싶었거든요.

평범한 사람이 책을 쓰면서 이렇게 놀라운 변화를 가져오게 될 줄 미처 몰랐습니다.

인스타그램 천 팔로워, 어떤 커뮤니티도 갖고 있지 않던 올해 초, 저라는 사람을 믿어주고 책을 쓰자고 선뜻 제안해 주신 엄혜경 대표님 덕분에 이렇게 성장할 수 있었습니다. 난생처음 책이라는 걸 써봤기에 시간도 오래 걸리고 방향도 잡지 못하는 저를 끝까지 믿어주시고 응원해 주셔서 진심으로 감사드립니다. 대표님과의 인연을 닿게 해준 시크릿 조은 작가님께도 감사인사를 전합니다.

글을 쓰며 막막할 때마다 조언해 주신 최경선 작가님, 윤소희 작가님, 지인옥 작가님, 이재영 작가님, 전대진 작가님, 장치혁 작가님, 이동준 작가님께도 진심으로 감사드립니다. 그 밖에도 항상 관심과 응원을 보내준 친구들과 부끌챌, 부끌대학 분들, 시크바, 인스타 이웃분들께도 감사 인사를 전하고 싶습니다.

함께 부끌대학을 운영하며 서로의 성장을 응원하는 양지연 작가님, 도정미 작가님, 장윤주 작가님께도 감사합니다. 그대들이 있어 참 든든합니다.

출간 계약을 하고 책 쓰는 시늉을 할 때는 절대 책다운 책이 써지지 않았습니다. 예정된 출간 날짜는 임박해 오고 결국 내 에너지를 온통 쏟아부었습니다. 작가다운 하루를 보내자 비로소 책을 완성할 수 있었습니다.

책 쓴다고 집안일과 육아 다 눈 감고 모른 척한 저를 묵묵히 지켜 봐 준 남편과 건율, 건우에게 가장 큰 감사와 사랑을 전합니다. 항상 사랑으로 저를 지지해주는 부모님과 또 하나의 제나인 친동생 현아 에게도 감사를 전합니다.

감사 인사를 하다 보니 저는 참 인복이 많은 사람이란 걸 느끼게 됩니다. 에필로그까지 꼼꼼하게 읽어 주시는 멋진 독자님과의 소중한 인연에도 감사합니다. 역시 난 운이 좋은 사람입니다.

20대의 가난했던 저는 책을 통해 생각을 변화시켰고,
경제적 자유를 얻을 수 있었습니다.
30대의 나만 알던 저는 책을 통해 생각을 변화시켰고,
나누는 삶을 살 수 있게 되었습니다.

책을 읽고 삶을 변화시켰고,
책을 쓰며 책 쓰기 전과는 완전히 다른 사람이 되어버렸습니다.
한 권의 책은 한 사람의 인생을 바꿔 줄 수도 있습니다.

제가 수많은 좋은 책들로 인해 희망을 품고 꿈을 실현한 것처럼
이 책을 읽으시는 분도 나도 부자가 될 수 있다는 희망을 가질 수 있다면 '더할 나위' 없는 기쁨일 것 같습니다.

마지막으로 크게 읽어볼까요?

나는 나 자신을 믿고
나에게 좋은 영향을 미칠 수 있는
좋은 사람들과 어울리고 있다.
나 같은 사람이 부자가 되어야
세상이 좋아진다.

기억하세요.
당신같이 좋은 사람이 부자가 되어야 세상이 좋아집니다.

부록
부자 되는 자유통장 챌린지를
시작합니다

부자가 되는 가장 확실한 방법은 무엇일까요? 바로 절약을 하는 것입니다.

돈을 모으려면 먼저 지출을 줄이고 소득을 늘려야 하는 건 당연한 일이에요. 돈을 모으면서 자존심이 상하고 욕구를 억누르는 고통이 수반되기도 합니다. 자유를 향하는 여정이 즐거울 수 있도록 자유 통장 챌린지를 시작하려고 합니다.

어떻게 하면 돈과는 상관없이 내가 원하는 자유로운 삶을 살 수 있을까요? 단순히 나의 월급을 제외한 수동 소득이 총지출을 넘어가면 그때부터 여러분은 자유입니다.

경제적, 시간적 자유를 얻은 부자들을 만들어 준 것은 무엇일까요? 우리는 보통 결과만을 보고, 그 뒤에 보이지 않는 숨은 노력은 간과하고 말아요. 사람들은 절약하기 위해 도시락을 싸 들고 다니고 커피전문점 대신 사무실 커피를 마시는 걸 보고 말합니다.

"난 그렇게 못 살아!"

커피 한 잔 사 먹는 걸 사무실에 있는 커피로 대체하면 여러분은 얼마를 아낀 걸까요? 표면적으로는 4900원의 돈이지만 미래의 나는 일주일 빨리 자유롭게 살 수 있어요. 보통 사람들은 연봉 보다 높은 외제 차를 사기도 하지요? 자기도 모르게 점점 돈의 노예가 되어가는 중인지도 모른 채 말이에요. 자유는 저만치 달아나는 중입니다. 만약 외제 차를 사기로 계획한 금액을 종잣돈으로 바꾸면 어떨까요? 여러분은 자유를 최소한 1년 이상 앞당길 수 있습니다.

정말 나를 사랑한다면 내가 원하는 일을 하며 의미 있게 살 수 있게 해주세요. 여러분 자신을 자유롭게 만들어주세요. 평생 이렇게 사는 게 아니라 종잣돈을 모으는 기간, 딱 2년만 절제력을 키워보세요.

도시락을 싸서 다니고, 사무실 커피를 마시고, 헬스장 대신 동네한 바퀴를 산책하면 어떨까요? 아마 옆에 있는 친구들은 뭐 그렇게 궁상이냐며 하던 대로 살라고 타박할 수도 있어요.

우리가 하는 이 작은 행동들이 모여 자유를 빨리 얻을 수 있어요. 이런 자유를 아는 사람들 사이에서 도시락과 사무실 커피와 산책은 칭찬받을 만한 일이죠. 그들은 여러분을 대단하다고 느끼며, 오늘도 자유에 한 걸음 다가섰다고 축하해 줄 거예요.

삶을 바꾸려면 같은 꿈을 꾸는 사람들을 찾아가세요. 의지는 한순간이지만 주변 사람들은 여러분에게 좋은 환경이 되어줄 거예요. 이렇게 사람들과 시스템으로 굴러가면 종잣돈은 조용히 그리고 빠르게 모일 거예요. 여러분의 의지대로 선택하고, 실행은 시스템에 맡겨두세요.

아끼는 게 힘들다면 추가 수입을 얻는 것도 방법입니다. 당장 돈이 안 되더라도 인터넷에 글 한 줄을 적어보세요. 그걸 시작으로 네이버 블로그, 스마트 스토어, 인스타그램, 유튜브, 쿠팡 파트너스 등으로 여러 가지 파이프라인을 만들어보세요.

한 분야에서 100원이라도 받기 시작했다는 것은 엄청난 가능성의 씨앗이에요. 인터넷으로 얻는 수익은 내 시간과 비례해 늘어나지 않고 무한대로 늘어날 수 있거든요. 정보의 소비자에서 생산자로 삶을 전환하는 거예요.

예전의 저는 스타벅스에 가게 돼도 시간을 계산했어요. 커피숍에 머무를 시간이 1시간 이상은 되어야 저에게 커피를 사줬어요. 어느 날 커피가 마시고 싶었는데 커피숍에 머무를 시간이 15분밖에 되지 않는 거예요. 그냥 꾹 참고 지나가다가 갑자기 눈물이 났어요. 커피 한 잔도 맘대로 못 사 먹는 게 속상했나 봐요.

그때 그 커피 한 잔을 아꼈더니 지금은 토스 뱅크 하루 이자로 밥 한 끼를 사 먹을 수 있는 돈을 매일 받게 되었어요. 저는 어쩌면 커피를 맘껏 사 먹고 싶어서 더 돈을 아껴 모았던 것 같아요.

지금도 습관적으로 스타벅스에 머무를 수 있는 시간을 계산하고 있는 저에게 이렇게 당당하게 말해줘요.

'그냥 먹어. 그래도 괜찮아. 내가 사줄게.'

돈을 모으다 보면 알 수 있어요. 일찍 부자가 될수록 더 적은 돈으로 은퇴가 가능하다는 걸요. 참 재미있게도 일찍 자유를 찾을수록 이 돈이 불어날 수 있는 시간이 늘어납니다. 복리 마법의 진짜 묘미는 시간에 있거든요.

부자가 되는 비결은 특별한 재테크 방법에 있지 않습니다.

더 많은 월급을 받는 것에도 있지 않습니다.

지금 가진 돈을 어떻게 사용하는지에 달려있어요.

평생 돈에 구애받지 않고! 자동으로 부자 되는 습관!

'자유통장 챌린지'를 시작해보세요.

하루 하나씩 지출을 참고, 그 돈을 모아보세요. 모인 금액은 단 하루만 넣어도 이자를 받을 수 있는 파킹통장에 넣어 적립합니다. 일 복리와 매일 모이는 소소한 금액!

얼핏 보면 시시해 보이지만 1년 동안 돈이 모이면 어떻게 될까요?

자유통장 챌린지를 하다 보면 자동으로 부자 되는 습관을 갖게 될 것입니다.

혼자 하기 힘들면 인스타그램의 #자유통장 챌린지에 참여해보세요.

이 책을 읽으신 여러분이 더 행복하기를!

제가 만나는 여러분이 더 자유로울 수 있기를!

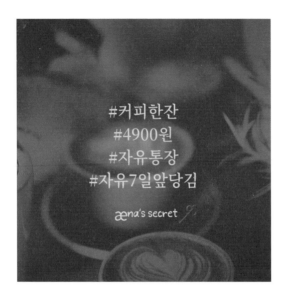

#커피한잔
#4900원
#자유통장
#자유7일앞당김

æna's secret

@Lovena0603

참고 서적

[네빌고다드 5일간의 강의] 네빌고다드, 서른세개의계단
[부자아빠, 가난한 아빠] 로버트 기요사키, 민음인
[소중한 나를 부자로 만들어주는 지혜] 월러스 워틀스, 생각의 나무
[EBS 다큐프라임 자본주의] EBS 자본주의 제작팀, 가나출판사
[다섯 가지 부의 비결] 크래그 힐, 하늘양식
[미움 받을 용기] 기시미 이치로, 고가 후미타케, 인플루엔셜
[부자의 운] 사이토 히토리, 다산북스
[끌어당김의 힘 – 아브라함의 창조비법] 에스터&제리힉스, 나비랑북스
[세도나 메서드] 헤일 도스킨, 알에이치코리아
[감정연습] 제리&에스더 힉스, 나비랑북스
[나폴레온 힐 긍정의 힘] 나폴레온 힐, 포북(for book)
[시크릿] 론다번, 살림Biz

네가 더 부자가 되면 좋겠어

인쇄	2022년 12월 15일
제1판 1쇄	2022년 12월 20일

지음	유현정
발행인	엄혜경
발행처	애드앤미디어
등록	2019년 1월 21일 제 2019-000008호
주소	서울특별시 영등포구 가마산로 50길 27
홈페이지	www.addand.kr
이메일	addandm@naver.com
교정교안	이동준
디자인	얼앤똘비악 www.earlntolbiac.com

ISBN	979-11-976250-8-4(03000)

책값은 뒤표지에 있습니다.
잘못 만들어진 책은 구입처에서 바꿔 드립니다.

A 애드앤미디어는 당신의 지식에 하나를 더해 드립니다.